VERSAILLES
ET SON
MUSÉE HISTORIQUE

OU

... ET ANECDOTIQUE DE LA VILLE,
... DES JARDINS ET DES DEUX TRIANONS,

...

... de Paris à Versailles
... Vignettes ...

PARIS

...

Vue du Palais de Versailles, prise du Tapis vert.

VERSAILLES

ET SON

MUSÉE HISTORIQUE

OU

DESCRIPTION COMPLÈTE ET ANECDOTIQUE DE LA VILLE, DU PALAIS,
DU MUSÉE, DU PARC ET DES DEUX TRIANONS;

Précédé

D'UN ITINÉRAIRE DE PARIS A VERSAILLES,

ET ORNÉ

de Plans et de Vues gravées sur bois.

Paris,

AU DÉPOT CENTRAL DES GALERIES HISTORIQUES
DE VERSAILLES,

CHEZ ERNEST BOURDIN ET Cie, LIBRAIRES-ÉDITEURS,

16, RUE DE SEINE SAINT-GERMAIN.

Introduction.

Nous avons écrit avec la plus grande simplicité l'histoire et la description du château et du musée de Versailles. Nous avons voulu avant tout que cette histoire fût populaire, et que ce petit livre, passant de main en main, fît connaître le chef-d'œuvre si royal et si populaire à la fois du roi Louis-Philippe Ier. A peine les portes du nouveau Versailles ont-elles été ouvertes, que soudain toute la France s'est précipitée dans ces nobles murs, où elle a retrouvé, Dieu sait avec quel enthousiasme passionné! toutes les gloires, toutes les victoires, tous les grands hommes de la paix et de la guerre! Jamais on n'eût pu croire que le palais de Louis XIV pût sortir si entièrement de ses ruines, et il ne fallait rien moins pour le remettre en honneur que le concours de toutes les victoires, de tous les grands hommes, de tous les grands noms de notre pays.

En ceci, notre livre est d'autant plus complet qu'il s'éloigne davantage de toute prétention historique. Nous racontons, comme ils nous arrivent, nos souvenirs; nous faisons, pour ceux qui ne les ont pas vus encore, la description rapide, et cependant entière, de ces beaux lieux. Quant aux visiteurs du palais de Versailles, enthousiastes pèlerins de tant de champs de bataille, de tant de cours souveraines, de tant de sénats, de tant de congrès, notre livre leur sera le guide le plus sûr et le moins prétentieux qu'ils puissent rencontrer en leur chemin. Pour les uns et pour les autres, pour les curieux du dehors et pour les visiteurs du dedans, notre livre doit suffire, car une fois entré dans Versailles, vous trouverez écrit au bas de chaque tableau, au bas de chaque statue, au fronton de chaque salle, un nom et une date, à coup sûr le nom d'un héros, la date d'une belle action.

Quant aux esprits plus graves, quant aux voyageurs moins avides de tout voir en peu de temps, d'autres artistes et d'autres plumes, plus habiles, leur préparent un livre digne du grand monument que ce livre est destiné à reproduire. Les plus célèbres graveurs de l'Europe, dignement dirigés et secondés par l'homme de génie qui a inventé le *diagraphe*, M. Gavard, se sont préparés de longue main à reproduire par la gravure, non seulement les quatre mille bustes, tableaux ou statues du Musée de Versailles, mais encore les moindres ornements, les meubles et les plus exquis détails du palais de Louis XIV. A côté de cet immense ouvrage, nous serons trop heureux si notre modeste volume, pour lequel rien n'a été négligé, et qui coûte à peine le quart d'une seule livraison du grand livre de M. Gavard, peut être adopté par le public.

ITINÉRAIRE

DE

PARIS A VERSAILLES.

Route de Paris à Versailles.

Quatre routes conduisent de *Paris à Versailles*, mais elles n'offrent pas le même intérêt; une surtout, celle qui part de la barrière d'Enfer et qui traverse les villages de *Montrouge* et de *Châtillon*, quoique moins montueuse que les autres, n'est presque jamais suivie : quel attrait peut avoir une plaine monotone et peu fertile ! il n'en est pas de même des trois autres. Des sites variés et pittoresques, des jardins, des maisons de plaisance heureusement groupées sur le penchant de riants coteaux, le voisinage de la Seine, mille souvenirs épars çà et là sur les monts, dans les plaines, sous l'ombre des arbres séculaires, attirent et captivent l'attention.

Route par Saint-Cloud et Ville-d'Avray.

Si l'on suit la route qui traverse Saint-Cloud et Ville-d'Avray, on recherche dans le bois de Boulogne ce château de *la Muette*, où Louis XVI signala les commencements de son règne par la suppression du droit de joyeux avénement.

L'écho de *Longchamp* ne répète plus les délicieux accents que tout Paris courait entendre.

Boulogne a conservé sa vieille église; mais la voix sonore du frère Richard n'en ébranle pas les vitraux, et la place voisine ne verra probablement plus se renouveler cet ardent brasier dans lequel, touchés de la parole puissante du religieux, les hommes jetèrent à l'envi tous les objets qui auraient réveillé leur goût pour le jeu, et les femmes *tous les atours de leur tête et grand'foison de leurs pompes.*

Au-delà de la Seine apparaissent groupées en amphithéâtre les maisons du bourg de *Saint-Cloud.* Saint-Cloud! dont le nom se rattache à presque toutes les grandes époques de notre histoire. Le fils de Clodomir y trouva un asile après s'être soustrait à la cruauté de ses oncles, avides de sa couronne. Henri III y fut assassiné par un de ces monstres ambitieux de renommée, dont le nom, cité pendant quelques jours avec éloge par des factieux, passe à la postérité couvert d'opprobre. Henriette d'Angleterre y termina brusquement par le poison une vie entourée de tous les honneurs, de tous les respects, de tous les amours! Dans des temps plus rapprochés, une heureuse révolution y arracha le gouvernement à des mains faibles et inhabiles pour le confier à la main large et puissante du vainqueur d'Arcole et d'Aboukir. Marengo, Austerlitz, Iéna, Friedland, Wagram, l'ont mis au-dessus des plus vaillants capitaines; ses sages institutions l'ont égalé aux plus grands législateurs. Le Nôtre a planté ce beau parc de Saint-Cloud, où l'inégalité du terrain ne fait que mieux ressortir la puissance de son génie créateur. La nature seule a dessiné ce charmant vallon, où sont groupées les maisons de Ville-d'Avray, et les courtisans n'ont pas manqué de remarquer que sa flatteuse prévoyance a fait sortir de la terre, entre Saint-Cloud et Versailles, la fontaine de l'eau la plus pure. Plusieurs sources et un vaste étang ajoutent le charme de leur fraîcheur à la situation ombragée de ce village.

Le château et le parc, maintenant morcelés, ont appartenu à Thierry, dont Louis XVI récompensa généreusement l'attachement sincère, et qui mourut en 1792, victime de ce même attachement.

L'avenue de *Saint-Cloud* commence peu après la *Butte de Picardie*, et aboutit à la place d'Armes de Versailles.

Route de Versailles par Issy et Meudon.

La deuxième route, aussi agréable, non moins riche en souvenirs, suit la longue rue de *Vaugirard*. Au bout de cette longue rue, une vaste plaine s'étend à droite; c'est la plaine de *Grenelle*. Entièrement déserte au temps de la conquête de César, elle vit périr une armée de Gaulois commandée par le brave *Camulogène*. A la fin du siècle dernier, elle était le théâtre des exécutions militaires; Louis XV y fit bénir le commencement de son règne, en faisant grâce de la vie à un soldat qui allait être fusillé.

La Convention avait établi dans la plaine de Grenelle, la fameuse poudrière dont l'explosion au mois d'août 1794, en lançant jusque sur le boulevard Montmartre des membres déchiquetés, jeta dans tous les cœurs l'effroi et la consternation. Le Directoire y établit un camp. Les tentatives des conjurés, amis du fameux Sainte-Beuve, y échouèrent contre la fidélité des soldats.

A l'entrée d'*Issy*, un boulet engagé dans le mur d'un café rappelle encore la dernière lutte de la grande armée, qui, après avoir promené la victoire attachée à ses aigles dans les capitales de l'Autriche, de la Prusse et de la Russie, docile aux ordres de ses chefs, alla déposer ses armes au-delà de la Loire.

Ce fut à Issy que Marguerite de Valois, première femme de Henri IV, livrée tour à tour à des exercices de piété et à l'attrait des plaisirs, accueillait les savants, protégeait les arts, et oubliait dans les plaisirs, ce mariage, dont les flambeaux avaient été les torches de la Saint-Barthélemy.

A Issy brilla longtemps la cour de la belle princesse de Conti, la digne fille de Louis XIV et de madame de La Vallière. Au port noble de son auguste père, elle unissait toutes les grâces naturelles de sa mère. Le Grand-Dauphin vint souvent chercher dans cette joyeuse société la gaîté qui avait fui la cour de Versailles.

Le maréchal d'Estrées, qui fit respecter sur terre et sur mer le drapeau et le pavillon français, reçut à Issy la visite du czar Pierre-le-Grand. Une estime profonde, une amitié sincère unit jusqu'au tombeau l'empereur et le maréchal.

La célèbre actrice Clairon, lorsqu'elle se retira de la scène, dont elle était l'orgueil, établit dans la maison de campagne que le margrave d'Anspach lui donna à Issy, un théâtre où se formèrent sous ses yeux Larive et mademoiselle Raucour.

A la ferme de Moulineaux, un double embranchement offre à droite le chemin de *Sèvres*, à gauche celui de *Meudon*. Au haut d'une rampe longue et rapide on aperçoit sur la gauche les maisons et l'église de ce village, qui eut autrefois pour curé le célèbre Rabelais. Cordelier, médecin, bénédictin et curé, et surtout grand homme d'esprit, d'heureuses saillies, de style et de bon sens, maître Rabelais fut un des créateurs de la langue et de la comédie. Saluez en arrivant la maison du curé de Meudon.

On chercherait en vain, à Meudon, l'antique castel où François Ier soupira aux pieds de la charmante d'Heilly, qu'il fit duchesse d'Étampes. Le cardinal de Lorraine y substitua un magnifique château, où plus tard Henri de Guise médita ses hardis projets sur la couronne de France, sans prévoir la catastrophe de Blois. Louvois y déploya depuis une rare magnificence; et Louis XIV, en l'achetant pour le dauphin son fils, le réunit à la couronne. Ce second château même n'existe plus. La Convention l'avait converti en ateliers, où l'on perfectionnait les machines de guerre; une explosion terrible en ébranla les fondements, le 16 mars 1795. Malgré son désir de le conserver, Napoléon dut le faire entièrement abattre. Il ne reste plus à Meudon que le château construit par le dauphin, pour sa sœur solitaire.

Une belle et large allée ouverte à travers le bois de Meudon rejoint au-delà de Viroflay, à quelques pas de la barrière de Versailles, la route dont il nous reste à parler.

Route de Versailles par Passy et Sèvres.

Moins ombragée que les deux routes que nous venons d'esquisser rapidement, la route de Versailles par Passy et Sèvres est plus animée, plus variée et plus fertile en souvenirs; c'est d'ailleurs celle que suivent toutes les voitures publiques.

Avant de sortir de Paris, par la barrière de Passy, on a admiré la vaste place de la Concorde, élevée sous Louis XV d'après les dessins de Gabriel, embellie depuis par la perspective de beaux monuments. A l'est, le palais de nos rois, au sud celui des députés de la nation; à l'ouest l'arc triomphal, dont la vue et les souvenirs qu'il consacre, font battre le cœur; au nord la belle et noble reproduction du Parthénon d'Athènes et au milieu de la place de la Concorde, cette aiguille de Cléopâtre que nous a cédée la vieille Égypte, comme pour mettre quelque chose là, qui ne fût ni une allusion ni un souvenir.

Vers le milieu du *Cours la Reine*, planté par Marie de Médicis, on a admiré sur la rive gauche de la Seine ce dôme élevé par Louis XIV et doré par Bonaparte, asile de la vertu militaire; et, perdue dans ce désert de verdure, la maison de François Ier, aux élégantes sculptures, pierre devenue dentelle, transplantée de si loin, et qui n'attend plus pour l'habiter qu'un poëte ou un roi.

A Moret, au milieu de la forêt de Fontainebleau, cette maison rappelait les chasses de François Ier ; l'imagination l'animait d'une cour brillante ; dans l'allée déserte du Cours-la-Reine, elle attire à peine les regards.

Qui pourrait reconnaître au bout de l'allée des Veuves, dans une triste maisonnette habitée par un restaurateur et une fruitière (quai de Billy, n° 1), la chaumière de madame Tallien? Rien n'y rappelle le souvenir de cette femme célèbre qui adoucit le farouche proconsul de Bordeaux ; et dont l'arrestation ordonnée par Robespierre fut la cause de sa chute et de l'heureuse révolution du 9 thermidor.

On n'y retrouve plus l'élégante cheminée près de laquelle Joséphine de la Pasgerie rendit grâces à celle qui l'avait tirée de prison ; ni le charmant boudoir où madame Tallien devina le génie du jeune général qui, commandant en second de l'artillerie, s'était signalé à Toulon.

A la hauteur du pont d'Iéna, on a admiré le vaste Champ-de-Mars, glorieux théâtre des réjouissances nationales ; le beau bâtiment de l'École-Militaire, où Beaumarchais conduisit un jour le roi Louis XV. Sur les hauteurs stériles et désolées qui font face à l'École Militaire, un palais devait s'élever ; construit sous le règne d'un autre Louis XIV, il eût été un autre Versailles. Mais aux plus éclatantes prospérités succédèrent des revers affreux, et les fondements du *palais du roi de Rome* sortaient à peine de terre quand le monarque qui l'avait ordonné alla expirer sur le rocher de Saint-Hélène.

Cependant la plaine de Grenelle, couverte depuis quelques années de maisons de plaisance et de nombreuses usines, le large lit de la Seine, les coteaux verdoyants d'Issy et de Meudon, le long amphithéâtre qu'étalent sur la droite les jardins, les terrasses et les hôtels de Passy, passent en fuyant sous les yeux éblouis.

Déjà nous avons parlé de Grenelle, d'Issy et de Meudon; au sommet du coteau, se dresse Passy, le pittoresque village. La belle propriété dont la grille s'offre la première à la vue et au fond de laquelle, au point le plus élevé, on aperçoit le premier pont suspendu fait en France, était autrefois le rendez-vous de la belle compagnie.

Dans une des maisons que l'on aperçoit sur le penchant du coteau, se réunissait la joyeuse compagnie de mademoiselle Contat. Parny soupirait ses poésies érotiques sous ses ombrages; Marmontel y lisait ses Contes moraux; Cailhava, ses Contes gaillards; et le spirituel auteur du *Séducteur*, M. le marquis de Bièvre, étonnait par le feu constant de ses calembours. Franklin résida longtemps à Passy, et le jardin dans lequel la joyeuse duchesse de Ventadour avait souvent promené à cheval ses grâces merveilleuses qu'*aucun voile*, dit la chronique, *ne dérobait aux regards*, devint pendant le séjour du grave philosophe le théâtre de ses nombreuses expériences physiques ou pastorales. Le château dont le jardin descend jusqu'au bord de la route, habité au commencement du dix-huitième siècle par cet heureux cadet de Gascogne, que son esprit d'intrigue éleva aux plus hautes dignités, *Lauzun*, qui fut sur le point d'épouser *Mademoiselle, la grande demoiselle, mademoiselle de Montpensier, petite-fille de Henri IV, le premier parti de France*; ce château appartenait à la fin de ce siècle à la belle, à la vertueuse princesse de Lamballe, victime de son glorieux dévouement à la reine Marie-Antoinette, égorgée sous les fenêtres de son amie et dont la tête fut portée au bout d'une pique, par ses bourreaux.

Au-delà du pont de Grenelle, on aperçoit sur la droite un village justement renommé. C'est *Auteuil*.

Molière, dans sa maison d'Auteuil, recevait ses nombreux amis; Racine, le plus grand poëte du monde, y venait consulter son maître; Boileau, écrivait à Auteuil, l'épître à son jardinier; le joyeux Chapelle égayait par ses bons mots la conversation, lorsqu'elle devenait trop grave; et La Fontaine, quand il ne rêvait pas, étonnait tantôt par ses naïvetés, tantôt par la solidité de son jugement.

Avant d'arriver à Sèvres, on traverse le hameau du *Point du Jour*, où le prince de Dombes confirma d'une rude façon le dicton populaire : *heureux comme un bâtard*.

Le duc de Coigny, exaspéré au jeu de la Reine par plusieurs coups malheureux où son adversaire avait eu l'avantage, s'était écrié : Il faut être bâtard, pour être si heureux ! Le prince n'avait pas laissé tomber le mot, et les deux adversaires étaient convenus de s'arrêter pour se battre à l'endroit même où *poindrait le jour*,

Ce fut aux environs d'Auteuil, et le nom du *Point du jour* resta au hameau. Cette fois encore, le prince de Dombes fut *heureux comme un bâtard*.

En approchant du pont de Sèvres, les coteaux de Meudon, de Bellevue et de Saint-Cloud déroulent autour de la Seine un long fer à cheval, terminé à droite par le pittoresque mont Valérien.

Après la belle grille du parc de Saint-Cloud, vers le milieu de la longue rue de Sèvres, un vaste bâtiment s'élève isolé sur la gauche. C'est la manufacture royale de porcelaines. Outre les riches magasins des produits français, on y admire une précieuse collection des porcelaines de tous les temps et de tous les pays. A la vue des belles peintures exécutées sur verre, on se demande si, en effet, nous n'avons pas perdu le secret de Jean Cousin et de tant d'autres *vitriers* de génie qui ont orné de magnifiques vitraux les colossales basiliques du treizième et du quatorzième siècle.

Le village de Châville n'a plus pour ornement le château qu'y avait fait construire Louvois ; mais on se rappelle une chanson de Boileau :

> Que Châville me semble aimable
> Quand des magistrats le plus grand, etc.

Non loin du cabaret *au Puits sans vin,* est une grande maison qui fut autrefois une des brasseries du trop fameux Santerre, le triste et sanglant héros du 21 janvier 1792.

Voici Viroflay, aux beaux chevaux. Hélas ! le créateur du haras, M. Rieussec, est mort naguère sous les balles de cet abominable Fieschi.

A cette route se réunit la route de Meudon, près de la barrière de Versailles.

En suivant la longue et large *avenue de Paris*, on remarque à droite, vis-à-vis du coude qu'elle décrit, le mur de clôture de la belle propriété de madame de Guéménée, dont Louis XVI fit cadeau à sa sœur madame Élisabeth; c'est là que la jeune Suissesse Marie, après avoir longtemps soupiré après Jacques, son bien-aimé, qu'elle avait laissé dans ses montagnes, faillit mourir de joie lorsque la voix de Jacques répondit un matin aux chansons de Marie et frappa ses oreilles du ranz favori. Tous les deux bénirent la tendre maîtresse qui les avait rendus à la vie en les réunissant.

Plus loin, le quartier d'infanterie qui fait le coin de la rue Monbauron était, avant la révolution, les écuries de Monsieur, comte de Provence, depuis Louis XVIII.

Cet hôtel garde encore le souvenir profane de la dernière maîtresse du roi Louis XV, pauvre femme qui expia, par une mort sans courage, une vie consacrée au plaisir et à l'amour.

Vis-à-vis de cet hôtel était autrefois celui des Menus-Plaisirs (maintenant quartier de cavalerie).

Ce fut dans une des salles aujourd'hui entièrement détruite que s'ouvrirent les états-généraux. Au besoin, l'écho vous redirait encore le grand nom de Mirabeau.

En avançant vers la Place-d'Armes, on rencontre à droite l'emplacement de l'hôtel du Grand-Veneur. On y a construit depuis quelques années les tribunaux de première instance et de commerce ; une école normale primaire a été établie dans les anciens bâtiments du chenil où l'on refermait les chiens et les chevaux pour les chasses royales.

A gauche, on a construit l'Hôtel-de-Ville sur l'emplacement de l'hôtel du Grand-Maître de la maison du Roi. Louis XVI avait donné ce terrain à la ville dès 1788 ; mais le bâtiment n'est guère tel qu'on le voit que depuis seize ans. Il n'offre de remarquable que la salle du conseil, encore a-t-elle été dépouillée de plusieurs tableaux qui font partie du musée de Versailles.

Il ne reste plus à cette salle que des dessus de portes où sont représentés quelques châteaux, entre autres Rambouillet et Saint-Germain-en-Laye.

Les deux grands bâtiments qui longent à droite et à gauche la fin de l'avenue de Paris, sont les grandes et les petites écuries, dont les façades regardent le château. Construits tous les deux sur les dessins de Mansart, ces majestueux édifices ne laissent rien à désirer pour la régularité, les belles proportions et le goût des ornements ; celui du nord, appelé *grande écurie*, est affecté aux chevaux et aux voitures de la cour ; celui du midi, la *petite écurie*, était naguère encore un quartier de cavalerie. Ils sont égaux en grandeur, malgré la dénomination qui semble se rapporter à l'étendue et qui ne s'appliquait qu'à la destination.

La grande écurie était destinée aux chevaux de manége et aux voitures d'apparat ; les chevaux de trait et les coureurs occupaient la petite écurie. Les quatre ailes qui s'avancent en retour vers la Place-d'Armes servaient de logement aux écuyers et aux pages.

Ces deux bâtiments sont composés de deux ailes dirigées de l'ouest à l'est, et flanquées de deux pavillons. Deux corps cintrés unissent les pavillons de l'est avec un bel avant-corps de logis, construit dans l'enfoncement du côté de l'ouest. Des grilles de 64 mètres de longueur, légèrement arquées, ferment les cours comprises entre ces constructions en fer à cheval.

Derrière la grande écurie était le magnifique manége, couvert d'une charpente de trop grande volée et surchargée de plomb, ce qui en détermina la chute.

Derrière la petite écurie, une grande coupole de fer couvre un manége circulaire auquel aboutissent cinq écuries ouvertes en lignes droites, comme autant de galeries.

Au-dessous des frontons, où Granier a représenté deux Renommées soutenant un écusson, ressortent l'encolure et la tête de trois chevaux en pierre, à la grande écurie; sur la petite, trois chevaux conduits par un coursier du cirque. Les massifs qui soutiennent ces sculptures en saillie sont ornés de beaux trophées d'armes, admirables de légèreté et de délicatesse.

Mais nous sommes arrivés à la vaste *place d'Armes*, dont les plus grandes dimensions, sont d'environ 240 mètres. Depuis longtemps déjà le château a offert à nos regards sa masse imposante, brillant amas de constructions gigantesques et de la plus admirable variété.

Mais avant d'examiner en détail le Château de Versailles, faisons l'histoire de ses divers accroissements et des changements principaux qu'il a subis depuis Louis XIII jusqu'à nos jours.

Accroissements successifs du Château de Versailles.

Versailles, triste hameau, dut au seizième siècle seulement, à son nouveau seigneur Martial de Loménie, le privilége d'un marché par semaine et de quatre foires par an.

Rien, en effet, n'y pouvait attirer de nombreux habitants; point de coteaux vignobles aux environs, point de fleuve ou de rivière pour faciliter les communications. Le voisinage seul de forêts peuplées de cerfs pouvait lui faire espérer un de ces pavillons nommés *Muettes*, rendez-vous des nombreux seigneurs qui prenaient part aux chasses royales. Un moulin situé sur le point le plus élevé du monticule et une mauvaise auberge où couchaient les rouliers qui allaient de Normandie ou de Bretagne à Paris, offraient seuls un gîte aux chasseurs. Louis XIII s'en contenta longtemps; mais enfin fatigué, et sa suite plus encore, de n'y trouver que de mauvais lits et une nourriture grossière, il résolut d'élever au milieu des bois, à l'angle actuel de l'avenue de Saint-Cloud et de la rue *de la Pompe*, un pavillon très-simple. On en voyait encore de faibles vestiges il y a quelques années; un large escalier, éclairé d'en haut par une coupole, semblait avoir fait partie de ce pavillon.

Mais bientôt les courtisans apprirent à Louis que Jean de Soisy, possesseur d'un fief à Versailles, s'en dessaisirait volontiers ; l'acquisition du terrain et la construction d'un château ne devaient pas dépasser cinquante mille écus (environ 531,920 fr. de nos jours). C'était tout au plus le pot de-vin donné à l'adjudication d'une des fermes générales (Levassor). Louis XIII approuva cette idée ; l'acte fut passé *vers* 1627, dit l'abbé Lebœuf, mais plutôt 1625 ; car le discours de Bassompière à l'assemblée des notables, convoquée à la fin de 1626, parle du château comme terminé, et n'en fait pas un pompeux éloge : *Nul gentilhomme*, dit le maréchal, *n'en voudrait tirer vanité.*

Pendant six ans, le château resta enclavé dans les bois, étouffé pour ainsi dire par ces chênes séculaires. Les guerres ne permirent pas à Louis XIII d'entreprendre de nouvelles dépenses. Le 18 avril 1632 seulement, le roi acheta de François de Gondi, qu'il avait fait, quatre ans auparavant, archevêque de Paris, l'antique castel en ruine ; il put alors pratiquer derrière son château des jardins et quelques bosquets non plantés, mais percés au travers des bois. Il convertit aussi une des fermes en une ménagerie où il renferma les animaux nécessaires à ses chasses. Louis XIII affectionnait Versailles, et le tout-puissant Richelieu ne dut point contrarier ses goûts ; car Versailles lui rappelait le 11 novembre 1630, journée devenue célèbre dans l'histoire sous le nom *de journée des Dupes*. Ce jour-là, en effet, au moment où la reine-mère, après avoir adressé de vifs reproches au ministre et à sa nièce, croyait avoir triomphé et se flattait de régner désormais sous le nom de son fils ; Richelieu, conduit par le cardinal Lavalette à Versailles, où Louis XIII offensé de la hauteur de sa mère venait de se retirer, Richelieu avait reconquis tout son empire sur le roi; il avait même obtenu un appartement dans le château, tout près de la chambre du roi.

Mais qui aurait prévu jamais que ce petit *château de Cartes* deviendrait un jour le plus beau palais du monde? Vingt ans s'étaient à peine écoulés depuis que Louis XIII, en mourant, avait laissé sa couronne à un fils de cinq ans, que ce jeune monarque, après avoir dit aux secrétaires d'état que désormais ils s'adresseraient à lui, alla à Versailles avec Le Nôtre et Levau, et les chargea de lui construire un château où il pût loger sa cour. La vue menaçante des clochers de Saint-Denis, antique tombeau des rois de France, et le souvenir récent des troubles de sa minorité, corrompaient la joie de Louis dans son château de Saint-Germain.

Le château de Louis XIII était composé de quatre pavillons unis par trois corps de bâtiments; une galerie suspendue sur un péristyle à colonne unissait les deux pavillons de l'est, et un large fossé régnait tout autour du château.

Deux ailes parallèles, construites par Levau à quelque distance du large fossé, alignées en dedans avec le profil extérieur des quatre pavillons, formèrent une cour dite *la cour royale*, plus vaste que la cour du fond. Elle fut fermée par une balustrade semi-circulaire et peu élevée. Deux pavillons carrés, ornés de trophées au-dessus de l'avant-corps et dont la toiture était un dôme élevé, unissaient cette balustrade à deux fossés profonds. En avant de ces pavillons, une cour en pente douce, bordée d'une balustrade circulaire, et au bout de laquelle deux pyramides répondaient aux deux pavillons de la cour royale, s'étendait jusqu'à l'entrée des bois dans lesquels on avait percé trois larges allées.

Levau mourut en 1670, et le neveu du célèbre Mansart, Jules Hardouin, fut chargé de continuer les travaux.

Il voulut d'abord tout détruire, tout renverser; mais par un respect bien naturel pour les constructions élevées par son père, Louis XIV s'y refusa obstinément. Mansart alla jusqu'à représenter au roi que le château, peu solide, menaçait ruine. — Eh bien, qu'on l'abatte; mais je veux qu'on le rétablisse tel qu'il est. Mansart convint qu'il pouvait rester debout : ce fut à tort. Il est très-probable que le château une fois abattu, Louis aurait compris qu'il valait beaucoup mieux en créer un nouveau dont les deux façades auraient porté l'empreinte de la grandeur et de la beauté. Le Nôtre aussi, dans les jardins, eut à vaincre la volonté de Louis, qui voulait qu'on respectât les deux bosquets de son père; il ne les regretta pas lorsqu'il vit le bel effet que produirait la magnifique allée du tapis vert.

Mansart, moins heureux, n'eut qu'à combler le fossé qui entourait le château; par deux ailes nouvelles, il joignit les deux pavillons de devant aux ailes construites par Levau. Bientôt après il enleva la toiture voûtée de ces deux ailes et il la remplaça par une terrasse bordée d'une élégante balustrade que couronnaient des vases, des statues et des trophées. Il décora les pavillons de l'est d'un beau péristyle formé par six colonnes d'ordre dorique.

Alors il abattit la galerie en terrasse qui fermait la petite cour du fond ; le château de Louis XIII, jusqu'alors en partie dérobé aux regards, parut bien mesquin auprès des nouvelles constructions, quelque simples qu'elles fussent. Pour en dissimuler la tristesse, un large bassin, où l'on fit venir une belle gerbe d'eau, fut creusé au milieu de la petite cour ; mais ce bassin n'avait pas assez d'eau. Mansart ajouta successivement quelques ornements aux simples trumeaux, et il éleva au milieu de la façade principale, un avant-corps décoré d'un beau balcon soutenu par huit colonnes doriques.

A la balustrade semi-circulaire qui fermait la cour royale il substitua une grille droite ; les trente pilastres qui en séparaient les travées étaient surmontés d'urnes élégantes ; au milieu était une barrière en fer, d'un beau travail, avec pilastres et enroulements.

Cependant du côté des jardins, où rien ne contrariait les plans de Mansard, il avait déployé au premier étage de la triple façade toute la richesse de l'ordre ionique, et couronné l'attique par une belle balustrade ornée d'urnes et de magnifiques trophées.

Il essaya, comme nous l'avons dit, ce couronnement sur les ailes construites par Levau ; mais il comprit qu'il était trop élégant pour cette façade, et il y substitua la toiture brisée qui, du nom de son oncle, était appelée *mansarde ;* il ajouta au-dessus des deux pavillons de l'est un petit dôme, où l'on plaça une horloge. Un cadran seulement fut placé au haut de l'avant-corps principal.

Mansart ne prévoyait guère alors que ces ailes, qu'il cherchait à rendre plus simples, l'architecte de Louis XV, Gabriel, les remplacerait par des constructions de l'ordre corinthien, dont la richesse offre un contraste choquant avec la mesquine architecture des constructions de Louis XIII. Hâtons-nous de dire, au reste, pour justifier Gabriel, que son plan était d'unir les deux ailes, qu'il ne put pas achever, par un beau corps de bâtiment, qu'il aurait élevé en avant de la cour de marbre et orné de colonnes corinthiennes. Ainsi la façade du côté de la ville aurait pu rivaliser avantageusement avec celle des jardins ; mais ces grands projets ne purent s'effectuer. Louis XVI acheva à peine l'aile du nord, commencée sous le règne précédent. Louis XVIII, sans changer l'aile du midi, fit seulement orner le pavillon dans le goût du pavillon du nord. Mais revenons aux constructions exécutées sous Louis XIV.

Quelque vaste que fût devenu le château, il ne suffisait pas encore à loger le quart des officiers attachés à la cour. Louis fit construire pour ses ministres, sur un nouveau ressaut, en avant des ailes de Levau, quatre pavillons, deux pavillons de chaque côté de la cour d'honneur, qui depuis longtemps déjà avait perdu sa forme sphérique. Des escaliers pratiqués dans la rampe qui séparait les deux pavillons conduisaient alors de la ville, dans cette première cour. Bientôt après on les supprima, et deux nouveaux corps de bâtiment unirent les pavillons affectés aux bureaux des divers ministères.

Les grandes et les petites écuries procurèrent un nouvel agrément à la vue. Les pages y eurent des logements commodes; le grand commun remplaça l'église et le cimetière Saint-Julien. Plus de deux mille officiers y furent logés.

Enfin, l'aile du midi fut exécutée : simple du côté de la ville, semblable en tout du côté des jardins, à la triple façade du château. La chapelle, qui était alors de ce côté, fut transférée au nord, à la place de la grotte, merveille dignement chantée par La Fontaine. Le temps n'était pas éloigné où Louis, ayant fait construire au nord une aile semblable à celle du midi, devait ordonner la magnifique chapelle dont on ne se lasse pas d'admirer les beautés; commencée en 1699, elle fut terminée en 1710.

Ce ne fut qu'après la confection des ailes du sud et du nord, que Mansart, supprimant la terrasse qu'il avait pratiquée du côté des jardins, au-dessus des neuf ouvertures du milieu du rez-de-chaussée, réunit les deux avant-corps des angles par une construction toute semblable, et forma dans l'intérieur la grande galerie, où Lebrun devait déployer toute l'étendue de son vaste génie. (La terrasse se voit sur les gravures de 1674; elle est remplacée par la galerie sur celles de 1682.)

Dès-lors la façade du château du côté des jardins ne reçut plus aucun changement. Du côté de la ville, on chercha sans cesse à corriger par des innovations l'aspect trop lourd des constructions diverses.

Ainsi, en 1680, on prolongea dans tout le pourtour la balustrade, qui ne couronnait d'abord que les ailes; on l'orna de vases et de dix-huit statues remarquables. Mansart supprima deux tourelles hexagones engagées dans les encoignures du château de Louis XIII; déjà, précédemment il en avait évidé la partie inférieure : peut-être se sont-elles écroulées!

La petite cour du fond fut pavée de marbre noir et de blanc; le jet d'eau qui la décorait fut reporté dans la cour royale, au milieu d'un bassin octogone, dont les bords, assez élevés, étaient ornés de vases de fleurs.

La grille droite, qui séparait la cour royale de la cour d'honneur, dite aussi cour des ministres, fut remplacée par une grille semi-circulaire beaucoup plus élégante. Les douze travées étaient séparées par des pilastres en fer doré, surmontés de cassolettes; le haut et le bas étaient enrichis de divers enroulements en fer doré; au milieu était une belle grille, soutenue par des branches élégamment contournées et surmontées d'un riche écusson aux armes de France. De chaque côté, après la deuxième travée, était un gigantesque piédestal, qui portait un beau groupe en pierre : celui de droite figurait l'Abondance, celui de gauche la Paix. (On vient de les replacer aux deux angles de la balustrade extérieure.)

En 1684, le jet d'eau avait été supprimé; la grille de la cour des ministres avait été aussi remplacée par une cour plus élégante, et dont la porte était beaucoup plus belle. Sur les deux piédestaux, on avait placé les deux beaux groupes que l'on y remarque encore aujourd'hui : les victoires de la France sur l'empire, par Marsy; les victoires de la France sur l'Espagne, par Girardon.

Nous avons suffisamment expliqué les divers accroissements du château de Versailles; les plans de Lapointe, les gravures d'Israël Sylvestre et de Menant nous ont fourni des documents authentiques que peu d'écrivains ont consultés.

En parcourant le château, nous mentionnerons les principaux changements opérés par Louis XV, et surtout par Louis-Philippe, pour l'approprier à sa destination actuelle.

CHATEAU DE VERSAILLES.

Façade orientale.

(Il est important de ne pas oublier que l'église Notre-Dame est au nord, celle de Saint-Louis au sud, par suite l'est à la droite du spectateur regardant l'église Notre-Dame, l'Ouest à sa gauche.)

Le château, vu de la Place-d'Armes, est d'un effet imposant et solennel.

La grille, de cent dix-sept mètres de longueur, est divisée en onze travées, par des pilastres en fer doré et argenté, d'un beau travail; le magnifique couronnement de la barrière est dû aux dessins de Dufour. On vient de rendre à l'écusson les trois fleurs de lis enlevées en 1830. Ces fleurs qui ont été pendant tant de siècles les armes de la France, ou bien le soleil, avec la devise de Louis XIV : *Nec pluribus impar* : voilà les seuls ornements qui devaient figurer à l'entrée du palais de Versailles.

Quatre groupes s'élèvent sur les piédestaux qui retiennent les travées de la balustrade en pierre.

A droite, la France, victorieuse de l'empire, figuré par l'aigle ; la Paix, groupe restauré, qui décorait la grille semi-circulaire établie sous Louis XIV, entre la cour royale et celle des ministres.

A gauche, la France, victorieuse de l'Espagne, figurée par le lion ; l'Abondance, groupe également restauré, qui faisait anciennement le pendant du groupe de la Paix.

Les douze statues qui surchargeaient le pont de la Concorde, sont descendues de leur piédestal pour tenir leur place dans la cour de Versailles.

Les deux premières statues, tournées du côté de la ville, sont celles de deux grands ministres, fermes appuis du trône de France. A gauche, le sage Suger, qui sut faire respecter la couronne du bouillant monarque Louis VII, entraîné par un zèle peu éclairé sur les côtes de la Palestine ; à droite, Richelieu, à qui Pierre-le-Grand aurait cédé la moitié de son empire pour apprendre de lui à régir l'autre moitié.

Tournés vers le centre de la cour des ministres, arrivent ensuite :

Le vaillant Duguesclin, dont le bras redoutable porta aux Anglais les coups terribles que dirigeait de son cabinet le prudent Charles V. Vis-à-vis, le chevalier sans peur et sans reproche, qui servit avec gloire : Dieu, le roi et les dames.

Sully, et vis-à-vis Sully, Colbert, qui secondèrent dignement les grands projets d'Henri IV et de Louis XIV, pour la gloire de la France.

Jourdan et son digne compagnon, le *favori de la vic-*

toire, Masséna, dont la bouillante ardeur releva plusieurs fois le courage des soldats, abattu par de nombreux revers.

Le duc de Trévise, Mortier, frappé un jour de fête par le plomb d'un assassin; Lannes, blessé mortellement sur le champ d'honneur à Esling.

Suffren et Tourville, Duquesne et Duguay-Trouin, qui ont fait respecter sur les mers le pavillon de la France, le premier sous Louis XVI, les trois autres sous Louis XIV.

Enfin, près de la statue équestre de ce monarque, Condé et Turenne, dont la pose différente reproduit heureusement le caractère de ces deux grands généraux, Condé forçant la victoire à se ranger sous ses drapeaux, Turenne, par la sagesse de ses mesures, rendant infaillible la défaite des ennemis.

Nous avons déjà dit que les deux bâtiments au devant desquels ces seize statues sont placées ont été construits par Louis XIV, pour les bureaux des divers ministères. Il est probable que sans les revers qui affligèrent les dernières années de sa vie, le roi aurait ajouté encore à ces bâtiments de nouvelles constructions.

La statue équestre du grand roi, par Petitot (le cheval est de Cartelier), a été placée l'année dernière à l'endroit où était autrefois la barrière de la grille qui séparait la cour des ministres de la cour royale. Cette seconde cour est séparée de la cour de la chapelle, au nord par l'aile de Gabriel, de la cour des princes, au sud, par l'aile de Levau.

Nous avons parlé de ces deux ailes et des pavillons

qui les terminent; nous n'avons plus à parler que des quatre-vingts bustes antiques qui, posés sur des socles de marbre, décorent les trumeaux du château primitif, et des dix-huit statues de huit pieds de haut qui ornent l'élégante balustrade ajoutée par Mansart.

Ce sont, en commençant par la droite :

La Richesse, par Marsy; elle porte à la main des plans de bâtiments.

La Justice, par Coyzevox, armée de son épée et de sa balance.

Pallas, par Girardon, appuyée sur l'égide.

La Prudence, à laquelle Massou a donné pour symbole un serpent enroulé autour d'une flèche.

L'Activité; Raon a posé une abeille sur la branche de thym qu'elle porte à la main.

La Paix, avec sa branche d'olivier, par Regnaudin.

L'Europe, par Legros, et *l'Asie*, par Massou, en un seul groupe.

Dans l'encoignure, *la Renommée*, par Lecomte.

A gauche, dans l'encoignure, *la Victoire*, par l'Espingola.

L'Afrique, par Le Hongre, et *l'Amérique*, par Regnaudin, en un seul groupe.

La Gloire, soutenant une pyramide, par Regnaudin.

L'Autorité, par Le Hongre.

La Richesse, par le même.

La Générosité, à laquelle Legros a donné un lion pour symbole.

La Force, tenant une branche qu'elle a arrachée d'un chêne, par Coyzevox.

Enfin, *l'Abondance*, que Marsy a désignée par l'olivier et par la corne.

L'avant-corps ajouté par Mansart est couronné par deux statues à demi couchées, qui paraissent soutenir un cadran : celle de droite, par Marsy, représente *le dieu Mars;* celle de gauche, par Girardon, *Hercule*, se reposant après ses pénibles travaux.

Il est facile de retrouver dans l'ensemble de ces diverses compositions les vertus que l'Europe entière a reconnues dans Louis XIV, dans ce grand monarque, l'honneur des rois.

La cour du fond, appelée la cour de marbre, élevée de cinq marches sous Louis XIV, puis de trois marches seulement dans ces dernières années, a été encore abaissée par Louis-Philippe. Louis XIV en fit quelquefois une salle de banquet, quelquefois aussi une salle de théâtre.

Itinéraire à suivre pour visiter en détail l'intérieur du palais de Versailles.

Entrez par le vestibule de la chapelle (4 plan du rez-de-chaussée); parcourez à la suite les onze salles de 5 à 15; montez l'escalier du nord 16 jusqu'au deuxième étage; parcourez les salles de l'Attique de 141 à 147 (plan du deuxième étage); puis la galerie en retour 148, 149, 150. Descendez l'escalier du nord 140, et visitez les salles du premier étage de 86 à 77 (plan du premier étage. Examinez le vestibule de la chapelle 76 et la chapelle; (la tribune du roi est à l'entrée.) Revenez par la galerie de sculpture 90. (La porte qui est au fond, après la statue de Louis XI, conduit à la salle de théâtre. Descendez l'escalier du nord (87), et parcourez au *rez-de-chaussée* la galerie 17. En sortant de cette galerie, admirez la magnifique chapelle, vous aurez visité toute l'aile du nord.

Revenant par la *cour de la chapelle*, traversez la cour des statues, et allez dans la cour des Princes pour visiter l'aile du *sud*. Entrez par le vestibule 60, et parcourez les douze pièces de 61 à 73; puis la salle de Marengo 74, et revenez par la galerie 75. Vous monterez l'escalier des princes 59, et vous entrerez au premier étage dans la grande galerie des batailles 137. Au bout de cette galerie est la salle de 1830 (138); vous reviendrez par la galerie de sculptures 139.

(L'escalier pour monter à l'Attique n'est pas fait encore.) Descendez l'escalier des princes (136), et traversez les deux porches (6) pour entrer dans le vestibule des amiraux (40); suivez la série des salles de 41 à 58, et sortez en passant sous le porche 6 par la galerie du roi 18. (Plus tard, il y aura communication avec le vestibule de Louis XV 21, 22, 23 : il n'en existe pas encore). Il faut maintenant traverser de nouveau les onze salles de 5 à 15 de l'aile du nord, et, montant l'escalier 16, suivre de nouveau les onze salles de 86 à 76. Revenu à ce point, entrez dans le salon d'Hercule 91, et suivez à droite les grands appartements de Louis XIV.

(Plus tard on arrivera dans ce salon par les salles des croisades et des états-généraux.)

Après avoir parcouru les pièces de 91 à 98, entrez dans la magnifique galerie de Lebrun ou de Louis XIV.

Pénétrez à gauche dans le cabinet du conseil (116), dans la chambre de Louis XIV (115), dans la salle des Nobles ou de l'OEil-de-bœuf; revenez dans la grande galerie, et visitez successivement à gauche les pièces de 100 à 130. Sortant par la porte à gauche, examinez l'escalier de marbre 105, le vestibule 106, et les trois pièces 134, 133 et 132; vous traverserez la pièce 131 pour entrer dans la salle de 1792 (135).

Descendez de nouveau l'escalier des princes 136, et visitez au rez-de-chaussée, après le vestibule des amiraux 40, les vestibules 39, 37, 36, 35 et 34; puis entrez dans les salles des résidences royales 33, 32, 31, 30. Sortez par la porte qui est au fond à gauche, et dans la salle 29 examinez les portraits de presque tous les rois de France. Vous traverserez le vestibule 28 pour visiter les tableaux-plans des salles 26, 27; puis les tableaux de marine 23 et 24. (Ils ne sont pas encore placés.)

Vous aurez ainsi visité à peu près tout l'intérieur du palais, à l'exception des petits appartements du Roi et ceux de la Reine.

VOUS AUREZ FAIT PLUS DE DEUX LIEUES!

AILE DU NORD.

REZ-DE-CHAUSSÉE.

Passage et Vestibule de la Chapelle (4).

Nous avons parlé, page 20, de la construction de cette aile. La chapelle en était le commencement; elle se terminait comme maintenant au réservoir. Mais elle a subi plusieurs grands changements. La salle (4), ornée de colonnes, qui sert aujourd'hui de vestibule à la nouvelle chapelle, était, en 1665, cette grotte admirable dont La Fontaine, dans les *Amours de Psyché,* a chanté les merveilles. Détruite vers 1674, elle fut remplacée par la chapelle où retentit souvent la voix de Bossuet, de Massillon et de Bourdaloue, ardents apôtres de la vérité, qui du haut de la chaire ne se lassèrent pas de répéter à Louis XIV que, si sa puissance l'élevait au-dessus des autres hommes, il devait l'employer à les rendre heureux, et qu'il n'en était pas moins soumis, comme eux, aux lois de la justice éternelle. Le zèle de Bourdaloue surtout, que Louis n'entendait jamais sans être mécontent de lui-même, contribua puissamment sans doute à l'arracher à une passion dont le sacrifice eût été au-dessus de ses forces, s'il n'avait pas trouvé dans la sincère amitié de madame de Maintenon les douces jouissances qu'il ne pouvait goûter sans crime avec l'épouse du marquis de Montespan. Le mariage du roi de France avec la fille des d'Aubigné fut célébré dans cette chapelle vers 1686. Elle comprenait alors le passage et le vestibule; le plafond du salon d'Hercule et du vestibule du premier étage (91-76) n'existaient pas. A cette hauteur une galerie régnait tout autour du petit temple.

Cette chapelle paraît avoir été la deuxième; la première devait être du côté du midi, peut-être dans la salle de l'empire (130); mais alors elle ne remonterait pas à Louis XIII, comme l'ont prétendu beaucoup d'écrivains : car ce salon est dans les constructions ajoutées par Mansart pour unir le pavillon du château de Louis XIII avec l'aile de Levau.

Salles des tableaux d'Histoire, depuis Clovis jusqu'à Louis XVI inclusivement, de 5 à 15..

Après le vestibule de la chapelle, on pénètre successivement dans onze pièces, où le Roi a réuni un grand nombre de tableaux relatifs à l'histoire générale.

Dans la première salle (5), on trouve les dix-huit tableaux qui suivent :

(Les chiffres placés entre parenthèses, indiquent les dates.)

2. Baptême de Clovis (496). Dejuine.
3. Entrée triomphale de Clovis à Tours (508). Rob. Fleury.
5. Funérailles de Dagobert à St-Denis. (638). Tassaert.
7. Sacre de Pépin-le-Bref (754). Fr. Dubois.

9. Charlemagne traverse les Alpes (773). Eug. Roger.
10. Charlemagne couronné roi d'Italie (774). Jacquand.
11. Charlemagne dicte des capitulaires. Scheffer.
12. Alcuin présenté à Charlemagne (780). Jules Laure.
15. Bataille de Fontenay en Auxerrois (841). Tony Johannot.
16. Combat de Bressarthe où mourut Robert-le-Fort (866). Lehmann.
17. Bataille de Saucourt en Vimeu, où Louis III bat les Normands (880). Dassy.
19. Lothaire défait l'empereur Othon II sur les bords de l'Aisne (978). Durupt.
34. Louis-le-Gros prend l'oriflamme à St-Denis (1124). Jollivet.
46. Saint Louis reçoit à Ptolémaïs les envoyés du Vieux de la Montagne.
47. Saint Louis rend la justice sous le chêne de Vincennes. Rouget.
48. Saint Louis médiateur entre le roi d'Angleterre et ses barons (1264). Rouget.
49. Mort de saint Louis (1270). Rouget.
50. Prise du château de Foix (1272). St-Evre.

Au-dessus des portes sont les portraits de Charlemagne, empereur d'Occident et roi de France (768-814), et de saint Louis (1226-1270).

Dans la deuxième salle (6), on trouve les onze tableaux suivants :

60. Fondation de la bibliothèque du Roi à Paris (1379). St-Evre.
61. Prise de Châteauneuf de Randon et mort de Duguesclin (1382). Brenet.
62. Bataille de Rosebecq, gagnée sur les Flamands (1382). Alf. Johannot.

65. Bataille de Beaugé, gagnée par le maréchal de La Fayette sur le duc de Clarence (1421). LAVAUDEN.
64. Jeanne d'Arc présentée à Charles VII (1429). PAPETY.
66. Sacre de Charles VII à Reims (1429). VINCHON.
67. Entrée de l'armée française à Paris (1436). BERTHELEMY.
69. Bataille de Bratelen, près de Bâle, gagnée sur les Suisses (1444). ALF. JOHANNOT.
70. Entrée de Charles VII à Rouen (1449). DECAISNE.
71. Bataille de Formigny, gagnée sur les Anglais qui évacuèrent la France (1450). LAFAYE.
72. Entrée des Français à Bordeaux (1451).

Au-dessus des portes sont les portraits de Charles VI (1380-1422), et de Charles VII (1422-1461).

Les dix tableaux de la salle (7) sont :

74. Défense de Beauvais (1472). CIBOT.
77. Mariage de Charles VIII et d'Anne de Bretagne (1491). ST-ÈVRE.
78. Isabelle d'Aragon implore Charles VIII en faveur de sa famille (1494). TH. FRAGONARD.
79. Entrée de Charles VIII dans Acquapendente (États de l'Église) (1494). HOSTEIN.
81. Bataille de Fornoue (1495). FÉRON.
82. Bataille de Séminara (1495). AD. BRUNE.
83. Clémence de Louis XII (1498). GASSIES.
84. Bayard sur le pont de Garigliano (1505). LARIVIÈRE.
86. Bataille d'Agnadel (1509). JOLLIVET.
88. Prise de Brescia par Gaston de Foix (1512). LARIVIÈRE.

Au-dessus des portes sont les portraits de Charles VIII (1485-1498), et d'Anne de Bretagne, sa femme.

La salle (8), contient les neuf tableaux suivants :

87. Prise de Bologne (1511). LARIVIÈRE et NAIGEON.

89. Bataille de Ravenne, gagnée sur les Vénitiens par le duc de Nemours, bravement secondé par Bayard, Louis d'Ast, Lautrec, etc. (1512). Aug. Scheffer.
90. François Ier traverse les Alpes (1515). Monsiau.
91. François Ier, la veille de la bataille de Marignan (1515). Mulard.
93. François Ier armé chevalier par Bayard (1515). Fragonard.
94. Entrevue du camp du Drap-D'or (1520). Debay.
95. Entrevue de François Ier et du pape Clément VII à Marseille (1535). Larivière et X. Dupré.
96. François Ier et Charles-Quint visitant les tombeaux de Saint-Denis (1540). Norblin d'après Gros.
97. Bataille de Cerisolles, gagnée par François, comte d'Enghien (1544). Schnetz.

« Il essaya deux fois de se donner de l'épée dans la gorge, désespéré de la fortune du combat, qui se porta mal à l'endroit où il était, et cuida, par précipitation, se priver de la fortune d'une si belle victoire, » dit Montaigne.

Au-dessus des portes sont les portraits de Louis XII (1498-1515), et de François Ier (1515-1547).

La salle (9) contient les douze tableaux suivants :

98. Levée du siége de Metz (1553). Eug. Devéria.
100. Combat de Renty, Henri II y donna le collier de son ordre au maréchal de Tavannes (1554). Brenet.
102. Prise de Thionville, par le duc de Guise; Strozzi y fut tué (1558). Mad. Haudebourt.
104. Institution de l'ordre du Saint-Esprit par Henri III (1579). Vanloo.
106. Bataille d'Ivry (1590).
107. Henri IV devant Paris (1590). Rouget.

109. Henri IV reçoit des chevaliers de l'ordre du Saint-Esprit (1595). Detroy.
110. Combat de Fontaine-Française, où Henri IV, s'étant exposé témérairement avec une poignée d'hommes, vit fuir devant lui dix-huit mille combattants (1595). Bruyères.
111. Assemblée des Notables à Rouen (1596). Rouget.
112. Signature du traité de paix de Vervins (1598). St-Evre.
113. Prise du fort de Montmélian (1600). Édouard Odier.
114. Plans du Louvre, déployés devant Henri IV par son architecte (1609). Garnier.

Au-dessus des portes sont les portraits :
De Philippe III (1270-1285);
De Henri II (1547-1559);
De Henri III (1574-1589);
Et de Henri IV, roi de France et de Navarre (1589-1610).

La salle (10) contient les vingt-sept tableaux qui suivent :

125. Prise de Pignerol (1630). Hipp. Lecomte.
133. Prise de Saverne (1636). Eug. Devéria.
134. Prise de Landrecies (1637). Hipp. Lecomte.
135. Prise du Catelet (1638). Hipp. Lecomte.
140. Prise de Collioure (1642). Hipp. Lecomte.
143. Prise de Perpignan (1642). Alaux et Hipp. Lecomte.
144. Prise de Lérida (1642). Hipp. Lecomte.
146. Bataille de Rocroy, ordre de bataille (1643). Oscar Gué, d'après Martin.
147. Bataille de Rocroy. Jouy, d'après Martin.
151. Siége de Thionville.
152. Prise de Thionville.
154. Siége de Sierk.

155. Prise de Sierk. JOUY, d'après MARTIN.
156. Siége de Trein dans le Mont-Ferrat. L. DUPRÉ.
158. Bataille de Fribourg (1644). LAFAYE, d'après MARTIN.
159. Prise de Dourlach. LAFAYE,   id.
160. Prise de Baden.
161. Prise de Lichtenau. LAFAYE,   id.
165. Siége de Philisbourg. LAFAYE,   id.
172. Bataille de Liorens. (1645).
180. Siége de Courtray (1446). VANDERMEULEN.
193. Louis XIV reçoit chevalier de l'ordre du St-Esprit son frère, alors duc d'Anjou, depuis d'Orléans (1654). X. DUPRÉ, d'après PHIL. DE CHAMPAGNE.
200. Siége et prise de Montmédi (1657).
223. Prise de Courtray (1667).
225. Entrée de Louis XIV et de la reine à Arras (1667). VANDERMEULEN.
257. Prise de Dôle (1668).   Id.
504. Siége de Fribourg (1677).   Id.

Au-dessus des portes sont les portraits de Louis XIII (1610-1643), et d'Anne d'Autriche, sa femme.

La salle (11) contient les tableaux suivants :

162. Reddition de Spire (1644). GALLAIT, d'après MARTIN.
164. Prise de Worms.   Id.,   id.
165. Prise d'Oppenheim. HIPP. LECOMTE, d'après MARTIN.
166. Reddition de Mayence.   Id.
167. Reddition de Bengen.   Id.
168. Prise de Baccharach.   Id.
169. Prise de Creutznach.   Id.
170. Prise de Landau. JOUY, d'après MARTIN.
171. Prise de Neustadt. GALLAIT, id.
173. Siége et prise de Rottembourg (1645). RENOUX, id.
174. Ordre de la bataille de Nordlingen.

175. Bataille de Nordlingen. RENOUX, d'après MARTIN.
177. Reddition de Nordlingen. Id., id.
178. Reddition de Dinkelsbuhl (1645). Id., id.
179. Siége de Courtray (1646). PINGRET, id.
181. Siége de Bergues-St-Winoc. BRUYÈRE, id.
182. Siége de Mardicke. Id., id.
183. Prise de Furnes. JOUY, id.
185. Reddition de Dunkerque. JOUY, id.
186. Prise d'Ager, en Catalogne (1647). PINGRET, id.
187. Siége de Constantine levé par les Espagnols (1647). PINGRET, d'après MARTIN.
189. Bataille de Lens (1648). BRUYÈRES, id.
221. Siége de Douay (1667). VANDERMEULEN.
224. Siége d'Oudenarde (1667). Id.
252. Passage du Rhin (1672). TESTELIN, d'après CH. LEBRUN.
284. Siége de la ville d'Air (1676).... ⎱ MARTIN, d'après
285. Prise de la ville d'Air (1676).... ⎰ VANDERMEULEN.
308. Prise d'Ypres (1678). MARTIN.
310. Prise de Leewe (1678). Id.

Au-dessus des portes sont deux portraits de Louis XIV (1643-1715).

La salle (12) contient les trente-quatre tableaux qui suivent :

191. Bataille de Rhethel (1650). DUPRESSOIR.
194. Siége de Stenay (1654). Id.
195. Arras secouru. Id.
197. Prise du Quesnoy. Id.
198. Prise de Cadaquès, en Catalogne (1655). Id.
231. Siége de Lille (1667). VANDERMEULEN.
235. Prise de Besançon (1668). LAFAYE, d'après MARTIN.
239. Prise de Gray (1668). LAFAYE.
240. Prise du château de Sainte-Anne (1668). LAFAYE.

244. Prise de Burich (1672) . . . . . ⎫
245. Prise de Wesel. . . . . ⎬ Dupressoir.
247. Prise d'Éméric. . . . . ⎨
254. Prise de Schenck . . . . ⎭
257. Prise de Nimègue. Pingret.
261. Siége de Maëstricht (1675). Vandermeulen.
266. Combat de Sintzheim (1674). Pingret.
270. Bataille de Senef (1674). Dupressoir.
275. Entrée de Louis XIV à Dinant (1675). Vandermeulen.
276. Prise de Huy (1675). Pingret.
278. Mort de Turenne (1675). Chabord.
282. Prise de Bouchain (1676). Pingret.
286. Prise de la ville et du château de l'Escalcette. Renoux.
298. Bataille de Cassel (1677). Gallait.
300. Reddition de la citadelle de Cambrai. Ch. Lebrun et Vandermeulen.
302. Prise de St-Omer. Pingret.
306. Prise de Gand. Renoux.
317. Prise de Philipsbourg (1688). Id.
318. Prise de Manheim (1688). Pingret.
323. Combat de Leuze (1691). Parrocel.
329. Prise de Roses (1693). Renoux.
333. Prise de Palamos (1694). Id.
335. Louis XIV reçoit le serment de Dangeau, grand-maître de l'ordre de N. D. du Mont-Carmel et de St-Lazare (1695). Pezey.
340. Prise de Brissac (1703). Franquelin.
344. Prise de Lérida (1705). Couder.
348. Congrès de Rastadt (1714). Rad. Huber.

Au-dessus des portes sont les portraits de Louis XIV et de Louis de France, dauphin, son fils.

La salle (13) contient les dix-neuf tableaux suivants :

349. Lit de justice de Louis XV (1715). Duménil.

550. Départ du roi après le lit de justice (1715). Martin.
551. Louis XV visite Pierre-le-Grand à l'hôtel de Lesdiguières (1717).
552. Pierre-le-Grand et le Régent à la revue de la maison militaire du roi (1717). Lestang.
553. Prise de Fontarabie (1719).
554. Camp de l'armée française entre Saint-Sébastien et Fontarabie, quartier du prince de Conti (1719). Martin.
555. Arrivée aux Tuileries de Méhemet Effendi, ambassadeur turc (1721). Parrocel.
557. Sacre de Louis XV à Reims (1722). Martin.
559. Sacre de Louis XV à Reims, cavalcade du roi (1722).
562. Prise de Philipsbourg (1734).
563. Bataille de Parme (1734).
564. Prise de Prague (1741).
565. Prise de Menin (1744). Lenfant.
567. Prise d'Ypres. Van Ysendyck.
569. Prise de Furnes. Raverat.
570. Bataille de Coni. Serrur.
571. Entrée du roi à Strasbourg. Id.
572. Le roi arrive au camp de Fribourg. Lenfant.
573. Siége de Fribourg. Lepaon.

Au-dessus des portes sont les portraits de Louis XV enfant et roi, et du Régent.

La salle (14) contient les vingt tableaux suivants :

575. Siége de Tournay, camp de la rive droite de l'Escaut (1744). Parrocel fils.
576. Même sujet, camp de la rive gauche. Id.
577. Le roi visite le camp de Tournay (1744). Lenfant.
578. Attaque du village d'Antoin, près Fontenoy (1745).
579, 580, 581. Bataille de Fontenoy (1745).
583. Même sujet, vu du village de Vezon.

386. Combat de Melle. Parrocel fils.
389. Prise de Gand. Gigoux.
390. Siége d'Oudenarde. .... } Parrocel fils.
391. Prise d'Oudenarde.......... }
392. Siége d'Ostende. Rioult.
393. Siége de Bruxelles (1746). Rubio.
398. Entrée de Louis XV à Anvers. Hipp. Lecomte.
400. Siége de Mons. Lenfant.
401. Siége de Saint-Guillain. Parrocel fils.
402. Siége de Charleroi.   Id.
403. Siége de la ville de Namur. Id.
406. Bataille de Rocoux. Roqueplan.

Au-dessus des portes sont les portraits de Louis XV (1715-1774), et de Louis de France, dauphin, son fils.

La salle (15) contient les douze tableaux suivants :

384. Le roi ordonne l'attaque de Tournay (1745).
410. Bataille de Lawfeld (1747). Lenfant.
411. Même sujet, par Parrocel fils.
418. Prise du fort Saint-Philippe (1756). Wachsmut.
420. Bataille d'Hastembeck (1757). Rioult.
421. Bataille de Lutzelberg. (1758). Desmahis.
423. Bataille de Johanisberg (1762). Améd. Faure.
449. Publication du traité de paix de Versailles entre la France et l'Angleterre (1783). Van Ysendick.
450. Louis XVI donne des instructions à Lapeyrouse pour son voyage autour du monde (1785). Monsiau.
451. Voyage de Louis XVI à Cherbourg (1786). Crépin.
452. Louis XVI abandonne les droits du domaine sur les laisses de mer [1] aux riverains de la Guyenne (1786) Berthon.

[1] On appelle *laisses de mer* les terres laissées par la mer sur le rivage et qui s'affermissent peu à peu.

485. Louis XVI distribue des secours aux pauvres pendant l'hiver de 1788. HERSENT.

On remarque dans cette salle les portraits de Louis XV, du dauphin, son fils, et de Louis XVI (1774-1793).

En sortant de la salle 15, on doit monter l'escalier du Nord marqué sur les différents plans 16, 87 et 140. Au haut de cet escalier, sur le palier 140 bis, on voit deux statues antiques en bois ; elles représentent l'historien PHILIPPE DE COMINES, mort en 1509, et sa femme HÉLÈNE D'ARGENTON : tous les deux sont à genoux.

Les neuf salles et la galerie en retour de l'attique contiennent plus de mille portraits des personnages célèbres de tous les temps, de tous les lieux et de toutes les conditions. Nous n'aurions pu en donner la nomenclature complète sans grossir considérablement ce volume ; nous avons cité les plus remarquables, essayant de les caractériser en quelques mots.

Les chiffres indiquent la date de la mort.

Salle (41).

Au milieu de cette salle sont trois statues à genoux :

Celle de Pierre d'Orgemont, élu chancelier de France par la voie du scrutin, en présence de Charles V (1389).

Celles de Jean Juvénal des Ursins, prévôt des marchands de Paris ; et de Michel de Vitry, sa femme.

Autour de cette salle nous avons remarqué :

Le vainqueur de Muret, *Simon IV de Montfort*, aussi cruel que brave (1218).

L'immortel auteur de la Divina Commedia, *Dante Alighieri* (1321).

Le tendre amant de Laure, *Pétrarque* (1374).

Jean de Montfort, duc de Bretagne, par le courage de sa femme, après une lutte de vingt-trois ans contre Charles de Blois (1345).

Le célèbre abbé de Clairvaux, saint Bernard (1155).

Saint Louis d'Anjou-Sicile, modeste évêque de Toulouse (1298).

La famille des Ursins, tableau antique et curieux.

Le fameux roi de Navarre, Charles-le-Mauvais (1385).

Lahire, qui, sur le point de mourir, adressait à Dieu cette singulière prière : « Fais pour moi ce que je ferais pour toi, si j'étais Dieu, et si tu étais Lahire » (1442).

Guillaume Juvénal des Ursins, chancelier de France (1472).

Philippe III, dit le Bon, duc de Bourgogne (1467).

La création de l'ordre de la Toison-d'Or par ce prince en 1429, tableau précieux.

Charles VII et sa maîtresse Agnès Sorel, qui en fit le roi victorieux (1450).

Théodore Gaza, fondateur de l'Académie de Ferrare (1475).

Le cardinal Bessarion, patriarche de Constantinople (1472).

Philippe de Commines, sénéchal du Poitou, chambellan de Louis XI (1509).

Le Napolitain Pomponius Lætus, qui nous a initiés aux lois et aux usages des anciens Romains (1497).

Charles-le-Téméraire, duc de Bourgogne (1477).

L'assemblée du parlement créé par ce prince à Dijon.

Jeanne, reine de Castille, devenue folle par jalousie, mais toujours aimée de ses sujets (1555).

Le Florentin Améric Vespuce, dont le Nouveau-Monde a conservé le nom (1516).

Le célèbre cardinal Georges d'Amboise, justement aimé de Louis XII et du peuple, parce qu'il les aima également (1510).

Le Portugais Magellan, dont un détroit de la mer du Sud a conservé le nom. Il mourut victime de son zèle pour les découvertes (1521).

Raphaël Sanzio, le créateur de l'école romaine, l'heureux émule de Michel-Ange (1526); et Giacomo Carrucci, son maître d'armes (1556).

Bayard, le chevalier sans peur et sans reproche (1524).

Thomas Morus, grand chancelier d'Angleterre, victime de son attachement à la religion catholique romaine (1535).

Guill. Warham, grand chancelier d'Angleterre, archevêque de Cantorbéry, zélé protecteur des lettres (1552).

L'astronome Nicolas Kratzer (1540).

Michel-Ange Buonarotti, peintre, sculpteur et architecte, l'un des hommes les plus célèbres de l'Italie (1564).

Antoine de Florence, dit de Venise, peintre et médecin.

Jeanne d'Albret, mère de Henri IV (1572).

Fr. Rabelais, auteur de Gargantua et de Pantagruel (1555).

Saint Ignace de Loyola, fondateur de l'ordre des Jésuites. Il est représenté sous le costume guerrier qu'il portait au siège de Pampelune, lorsqu'il reçut une grave blessure. Ce fut pendant sa convalescence qu'il conçut le projet de l'ordre qu'il fonda plus tard et dont le premier serment fut prononcé dans la chapelle souterraine de Montmartre (1556).

Anne de Pisseleu, duchesse d'Étampes, maîtresse de François Ier (1575).

Catherine de Médicis, dont le nom réveille le souvenir de la Saint-Barthélemy (1589).

Fernand-Cortèz, conquérant du Mexique (1554).

Fr. Pizarre, gardien de pourceaux dans son enfance, en 1531, conquérant du Pérou (1541).

André Doria, amiral du Levant (1560).

Haçan, bey de Tunis.

Le cardinal Jean du Bellay, protecteur de Rabelais (1560).

Balthazar Castiglione, évêque d'Avila, chargé de plusieurs ambassades importantes (1529).

Jules Romain, l'élève et l'ami de Raphaël, auteur du *Martyre de Saint-Étienne*, du *Triomphe de Vespasien*, etc., etc. (1546).

Antoine de Bourbon, père de Henri IV (1561).

Le célèbre sectaire Jean Calvin, dit le Pape de Genève (1564).

Diane de Poitiers, la célèbre duchesse de Valentinois, dont aucun voile ne couvre les charmes.

L'amiral de Coligny, une des premières et des plus illustres victimes de la Saint-Barthélemy (1572).

Le cardinal Jean Fisher, évêque de Rochester, victime de son attachement à la religion catholique romaine (1535).

L'historien Paul Jove (1542).

Marguerite de Vangest, maîtresse de Charles-Quint.

Le jurisconsulte André Alciat (1550).

Le cardinal Polus, archevêque de Cantorbéry, président du conseil royal (1558).

Le cardinal Sadolet, évêque de Carpentras, employé par Léon X dans plusieurs négociations importantes (1547).

Pierre Bembo, cardinal, évêque de Bergame, poëte et littérateur distingué (1547).

Didier Erasme, savant théologien (1536).

Christophe de Longueil, jurisconsulte, médecin et littérateur (1522).

Christophe Colomb, qui le premier découvrit le Nouveau-Monde (1506).

Le savant Guillaume Budée, qui fut appelé le prodige de la France (1540).

Louis Arioste, immortel auteur du *Roland furieux* (1533).

L'historien Sabellicus (1506).

Pontanus, qui devint par son mérite vice-roi de Naples. L'académie de cette ville a conservé son nom (1503).

Jean Pic de la Mirandole, prodige de mémoire, de travail et d'érudition (1494).

Agricole, professeur de philosophie à Worms et à Heildelberg (1485).

Le philosophe platonicien Marsilio Ficino, de l'académie de Florence (1499).

Ange Politien, célèbre littérateur italien (1494).

Fr. Philelphe, très-vain et très-érudit (1481).

Le frère Jérôme Savonarola, dont l'éloquence chassa de Florence les Médicis et institua dans cette ville un gouvernement républicain. Condamné au feu, il mourut avec courage. On montre encore à Florence la cellule du frère Jérôme (1498).

Barbarus, patriarche d'Aquilée (1493).

Le savant Platina, qui passa une grande partie de sa vie dans les prisons, et devint enfin bibliothécire du Vatican (1481).

Alberti, architecte, peintre, sculpteur, littérateur et mathématicien.

Le jurisconsulte Balde (1400).

Le jurisconsulte Barthole (1356).

Le brave connétable Duguesclin (1380).

Boccace, l'auteur du *Décaméron* (1375).

Albert, évêque de Ratisbonne, surnommé le Grand pour sa science (1280).

On remaque particulièrement dans la salle (142) :

Henri IV enfant et roi (1610).

L'infortunée Marie Stuart (1587).

Ch. Sigonio, littérateur italien, créateur de la science de la diplomatique (1584).

Marie Touchet, maîtresse de Charles IX ; les anagrammatistes ont trouvé dans son nom : *Ie charme tout* (1620).

Bal à la cour de Henri III, tableau précieux pour les costumes.

Pierre Vettori, le restaurateur de l'éloquence en Italie (1585).

Marie de Médicis, peu semblable sur différents portraits (1642).

Le pape Sixte-Quint : de la plus basse extraction, il s'éleva par son mérite jusqu'à la chaire de saint Pierre (1590).

La charmante Gabrielle, jeune encore (1599).

Barneveldt, grand pensionnaire de Hollande, le fondateur de la liberté de sa patrie, décapité en 1617.
Jacqueline de Breuil, comtesse de Moret, maîtresse de Henri IV.
Le célèbre jurisconsulte Cujas (1590).
Dubartas, le prince des poëtes de son temps (1591).
Et. Pasquier, avocat-général (1615).
Tableau curieux de la famille d'Otho Venius, ou Van Veen, le maître de Rubens (1634).
Procession de la ligue, conduite par Rose, recteur de l'académie.
Le philosophe moraliste Montaigne (1592).
Barnabée Bresson, nommé par les ligueurs président du parlement et pendu par eux à une poutre de la chambre du conseil (1591).
Le cardinal du Perron, qui appelait les *Essais* de Montaigne le bréviaire des honnêtes gens, et Rabelais l'auteur par excellence (1618).
Juste Lipse, savant historien (1606).
Saint François de Sales, pieux évêque de Genève (1622).
Isaac Casaubon, théologien sage, excellent critique (1614).
Henriette de Balzac d'Entraigues, marquise de Verneuil, maîtresse de Henri IV (1633).
Guy du Faur de Pibrac, président à mortier du parlement (1584).
Arnaud d'Ossat, fils d'un opérateur de campagne ; il dut à son mérite l'évêché de Bayeux et le chapeau de cardinal (1604).
Pierre Pithou, savant et vertueux magistrat (1596).

On remarque dans la salle (145) :

Louis XIII (1642).
Le maréchal de Marillac et son frère Michel de Marillac, chancelier, victimes tous deux de la journée des Dupes (1632).
Guill. Duvair, garde des sceaux, évêque de Lisieux (1621).

Anne d'Autriche, dont le portrait se représente souvent (1666).

Gustave-Adolphe, surnommé le Grand, roi de Suède (1652).

Le cardinal de Richelieu (1642).

Ambroise, marquis de Spinola, qui lutta heureusement contre Maurice de Nassau (1630).

Gaston d'Orléans, frère de Louis XIII (1660).

Henriette-Marie, sœur de Louis XIII, femme de l'infortuné Charles Ier, roi d'Angleterre (1669).

Simon Guillain, statuaire, fondateur d'une société d'artistes qui depuis est devenue l'académie de peinture et de sculpture (1658).

Rubens, le plus célèbre peintre de l'école flamande (1640).

J. Bourdon, peintre sur verre.

Le célèbre Galilée Galiléi. « Elle tourne cependant, disait-il en se relevant, après qu'on l'eut forcé d'avouer à genoux que la terre était immobile » (1642).

Lemercier, architecte du Roi (1660).

Le peintre Simon Vouet, qui forma Lebrun, Lesueur et Mignard (1649).

L. Testelin, dont nous remarquerons plusieurs tableaux (1655).

Madame de Lansac, Louis XIV enfant, et son frère Philippe, alors duc d'Anjou.

Le jésuite Tolet, cardinal, dont Henri IV honora la mémoire (1596).

L'habile général Montécuculli, le vainqueur de Saint-Gothard. Il ne voulut plus commander les armées de l'empire après la mort de Turenne (1681).

Mademoiselle de Montpensier, l'héroïne de la Fronde (1693).

Le grand écuyer Cinq-Mars, victime de son ambition (1642).

Jansénius, évêque d'Ypres ; son livre *l'Augustinus* donna naissance au jansénisme (1658).

Antoine Van Dick ; il a presque égalé Rubens son maître dans les tableaux d'histoire, et il a rivalisé avec Titien dans les portraits (1641).

On remarque particulièrement dans la salle (144) :

Le poëte espagnol Velasco, dont Lope de Véga a célébré l'élégance et la pureté.

La célèbre Christine de Suède écoutant une démonstration de Descartes (1660).

Le sculpteur Jacques Sarazin, qui unit l'élégance à la sévérité, le naturel au grandiose (1689).

Le peintre Jean Noiret (1672).

Le cardinal Jules Mazarin, qui, jeune encore, eut le courage de se jeter entre deux armées près de se battre ; bientôt après, successeur de Richelieu, il acheva par l'adresse le grand ouvrage que son prédécesseur avait commencé par la force et quelquefois la violence (1661).

Don Juan d'Autriche, fils naturel de Philippe IV et de la comédienne Caldérona. Il cessa de vaincre du moment où il eut Turenne pour antagoniste. Ses talents comme ministre ne répondirent pas au rang où l'éleva Charles II (1679).

Corneille de Witt, frère du grand-pensionnaire de Hollande ; Jean de Witt, victime, comme lui, de la fureur du peuple (1672).

Le siècle de Louis XIV commence avec la salle (145) :

Les comtesses de Frontenac et de Fiesque, toutes deux en Minerve, prirent une part active aux troubles de la fronde ; Gaston d'Orléans leur écrivait : *A mesdames les comtesses, maréchales-de-camp de l'armée de ma fille contre le Mazarin.*

Le grand Roi, dont la minorité fut troublée par une guerre ridicule, dont le règne fut le plus glorieux et qui dans sa vieillesse, accablé par le malheur, se montra plus grand peut-être que jamais (1715).

La duchesse de La Vallière en Diane. Le seul portrait qui doive reproduire ses traits se trouve dans les grands appartements (1710).

Mansard et Cl. Perrault: le premier a construit les merveilles de Versailles; on doit au second la belle colonnade du Louvre.

Le président Guillaume de Lamoignon, à qui Louis XIV apprit sa nomination par ces paroles : « Si j'avais connu un plus homme de bien, un plus digne sujet, je l'aurais choisi » (1677).

L'immortel Le Nôtre, créateur des jardins de Versailles (1700).

L'aimable duchesse de Bourgogne (1712).

Le grand dauphin, monseigneur, fils, père, grand-père de rois, et qui ne fut pas roi (1711).

Louvois et Colbert, habiles ministres du grand Roi.

Mademoiselle de Fontange; sa beauté séduisit le cœur de Louis XIV, fatigué des inégalités du caractère de madame de Montespan; mais le règne de cette maîtresse, aveuglée par sa faveur, cessa bientôt avec sa beauté, qui l'avait fait naître (1681).

Nic. Poussin, que la pauvreté empêcha deux fois de faire le voyage de Rome, et qui mourut premier peintre de Louis XIV (1665).

L'immortel Pocquelin de Molière, l'auteur de *Tartuffe* et du *Misanthrope* (1673).

Gaspard du Marsy, célèbre sculpteur (1681).

Lerambert, peintre et statuaire (1670).

Pierre Nicole, un des plus illustres écrivains de Port-Royal (1695).

Les deux peintres Henri et Charles Beaubrun, morts, l'un en 1677, l'autre en 1692.

Madame de Sévigné, immortalisée par ses *Lettres* (1696).

Sa fille chérie, madame de Grignan (1705).

Le célèbre peintre espagnol Murillo (1682).

Le duc de Montausier, préposé avec Bossuet à l'éducation du grand dauphin (1690).

Arnaud d'Andilly, solitaire de Port-Royal (1674).

Henri II de Lorraine, duc de Guise, célèbre par ses amours romanesques, ses duels et ses profusions (1664).

On remarque dans la salle (146) :

Tromp, célèbre marin hollandais (1691).
Le sculpteur hollandais Desjardins (1694).
Bossuet, l'oracle de l'Eglise (1704).
Henri de Mauperché, peintre (1686).
Samuel Bernard, graveur, père du célèbre financier (1687).
Mademoiselle de Blois, fille de Louis XIV et de madame de Montespan, plus tard femme de Philippe d'Orléans, régent de France. Son portrait est souvent répété ; celui-ci est un des plus gracieux ; jeune enfant, elle s'amuse à faire des bulles de savon (1749).
J.-Bapt. Champagne, neveu et élève du célèbre Philippe de Champagne (1688).
Nic. Sainctot, introducteur des ambassadeurs (1713).
Anne d'Orléans, reine d'Espagne (1689).
Mignard, Racine, Boileau, dont il suffit de citer les noms.
Le comte de Tourville, un des plus grands capitaines qui aient honoré la marine française (1701).
Le comte de Toulouse, fils de Louis XIV et de madame de Montespan. Son portrait sera souvent répété ; ici, jeune enfant, il goûte un sommeil paisible. Plus tard il fut, de l'aveu même de Saint-Simon, *l'honneur, la vertu, la droiture, l'équité même* (1737).
Vauban, qui à lui seul valait des armées entières (1707).
D'Herbelot, savant orientaliste (1695).
Le maréchal de Luxembourg, étonné que les ennemis le sussent bossu : car il ne leur tourna jamais le dos (1695).
Mademoiselle de Condé, en jeune homme.
Le père La Chaise, confesseur de Louis XIV (1709).
Paul Riquet, l'auteur du canal royal du Languedoc (1680).
Charlotte de Bavière, princesse palatine, femme de Philippe

d'Orléans. Avec elle sont ses deux fils : Philippe d'Orléans, plus tard régent, et son frère Alexandre.

Lebrun et Mignard, peintres célèbres.

Le duc du Maine et le comte de Toulouse, tous deux fils de Louis XIV et de madame de Montespan.

On remarque dans la salle (147), continuation du siècle de Louis XIV :

Ch. Perrault, auteur du *Parallèle des anciens et des modernes*; il n'a pas craint de préférer Chapelain à Homère (1703).

L'immortel auteur du *Télémaque*, Fénelon, archevêque de Cambrai (1715).

Urbain Chureau, précepteur du duc du Maine (1701).

Le duc d'Antin, lieutenant-général des armées du roi (1736).

Le cardinal de Noailles, archevêque de Paris (1729).

Le duc du Maine, dont les saillies spirituelles eurent longtemps le privilége de dissiper les chagrins de Louis XIV (1736).

Madame de Maintenon : trop vertueuse pour être la maîtresse de Louis XIV, elle fut par lui conduite aux autels (1719).

Le guerrier philosophe Catinat, dont Louis XIV a dit : *C'est la vertu récompensée* (1712).

Le cardinal de Bouillon, que les courtisans appelèrent *l'enfant rouge* (1715).

Le prince Eugène, généralissime des armées de l'empereur, vainqueur de Malplaquet et de Peterwaradin (1736).

Le célèbre John Churchill, plus connu sous le nom de Marlborough, vainqueur d'Hochstett ou Blenheim; sa disgrâce fut un bonheur pour la France (1722).

Le marquis de Dangeau (1720).

Pierre Ier, czar de Russie (1725).

Philippe d'Orléans, régent de France (1723).

Charles XII, roi de Suède (1718).

Ant. Coypel, élève de son père et de Bernin, fut un peintre distingué (1722).

Charles de Lafosse, qui a peint plusieurs plafonds de Versailles (1716).

Carlo Maratta ou Maratti, peintre italien, élève de Sacchi (1713).

Nicolas Largilière, peintre de portraits, appelé le Van Dick français (1746).

Le célèbre sculpteur Girardon (1715).

Louis XV enfant.

Cl. Guy Hallé, directeur de l'académie de peinture (1736).

J. Jouvenet, peintre distingué. Devenu paralytique de la main droite, il s'apprit à peindre de la main gauche (1717).

Adrien Van der Werf, peintre hollandais ; son dessin est dépourvu de finesse et son coloris est faible (1722).

Sébastien Leclerc, graveur (1714).

Le célèbre sculpteur Ant. Coyzevox (1720).

Michel Corneille, peintre et graveur, grand admirateur des Carrache (1708).

La petite pièce (148) est consacrée, avec la moitié de la galerie (149), au règne de Louis XV.

On y remarque particulièrement :

Le comte et la comtesse de Toulouse.

Le peintre Hyac Rigaud, surnommé, comme Largilière, le Van Dick de France (1743).

Méhemet Effendi, ambassadeur de la Porte Ottomane près du jeune Louis XV en 1721.

Charles XII, roi de Suède. L'inscription mise au bas de ce portrait par David Van Graft qui en est l'auteur, atteste que c'est le seul portrait que Charles XII ait laissé faire de lui après son avénement à la couronne, et que, le portrait acheté, le Roi en coupa le visage avec son canif. David a tâché de le raccommoder. Ce portrait est de l'année 1718, l'année même de la mort de Charles XII.

Nic. Venghels, peintre (1757).

Achmet III, élevé à l'empire par les janissaires ; il fut déposé par eux (1736).

Le comte de Forbin, qui fut la terreur des Anglais, des Hollandais, des Vénitiens et des Algériens (1733).

Mademoiselle de Beaujolais, aussi belle, aussi sensible que son frère était dur et inhumain (1734).

Le cardinal Dubois, dont le nom est voué à l'opprobre (1723).

Louis d'Orléans, fils du régent ; la douleur que lui causa la mort de sa femme, la princesse de Bade, le détermina à s'enfermer à l'abbaye de Sainte-Geneviève (1752).

Louise d'Orléans, qui fut abbesse de Chelles (1745).

On remarque dans la longue galerie (149) :

Louis XV à différents âges (1774).

Le cardinal de Tencin, archevêque de Lyon, regretté dans son diocèse, où il répandait d'abondantes aumônes.

Marie Leksinska, femme de Louis XV ; elle a mérité le nom de *bonne Reine* (1768).

Le prince de Dombes, fils du duc du Maine (1755).

Le maréchal d'Estrées, digne soutien de l'honneur de la France (1757).

Maupertuis, géomètre et astronome, placé par Louis XV à la tête des académiciens envoyés dans le Nord pour déterminer la figure de la terre ; esclave favori du grand Frédéric (1759).

Jean Fr. Detroy, peintre, dont le dessin a peu de caractère et de correction, mais dont la couleur est assez bonne (1752).

Jacques Gabriel, architecte, élève de Mansart : il fut nommé par Louis XV inspecteur général des bâtiments du roi, et obtint le cordon de l'ordre de Saint-Michel (1742).

André Bouy, peintre (1740).

Louis de France, dauphin, fils de Louis XV ; fils de roi, père de trois rois, il n'a pas régné (1765).

Le cardinal Hercule de Fleury; Voltaire l'appelé *le plus aimable et le plus désintéressé de tous les courtisans* (1745).

Madame Adélaïde, fille de Louis XV; son portrait est souvent répété (1800).

Madame de Graffigny, l'auteur des *Lettres d'une Péruvienne* (1758).

Nic. Henri Tardieu, sculpteur (1749).

Louise de Bourbon Conti, duchesse d'Orléans, aussi spirituelle que belle (1759).

Marie-Thérèse, infante d'Espagne, première femme du dauphin fils de Louis XV (1746).

Madame Victoire, fille de Louis XV; son portrait est souvent répété (1798).

Le duc de Choiseul, ministre disgracié par la faveur de madame Dubarry (1785).

L'empereur d'Autriche François Ier, et sa famille (1765).

Le nain Nic. Ferry, plus connu sous le nom de Bébé. Il était si petit qu'on le porta au baptême dans une assiette garnie de filasse et qu'il eut pour premier berceau un gros sabot rembourré. A cinq ans il pesait neuf livres sept onces. Élevé à la cour du roi Stanislas, il n'apprit jamais qu'à danser et à battre la mesure. A quinze ans, il avait vingt-neuf pouces de hauteur; à vingt-deux, époque de sa mort, il en avait trente-trois (1764).

Marie de Saxe, deuxième femme du dauphin, fils de Louis XV, mère de Louis XVI, de Louis XVIII et de Charles X (1767).

Madame Sophie, fille de Louis XV. Son portrait est souvent répété (1782).

Au-delà du deuxième poêle commencent les portraits du règne de Louis XVI : pour achever de voir ceux du règne de Louis XV il faut remonter la galerie en examinant les portraits placés du côté de la chapelle. On trouvera :

L'abbé Terray, contrôleur général des finances, compris dans la Saint-Barthélemy des ministres (1778).

Cl. Villaret, continuateur de l'Histoire de France de Velly (1766).

Salon du prince de Conty. On y remarque :

Le jeune Mozart au piano, mademoiselle de Boufflers et la comtesse d'Egmont.

Fêtes données par le prince de Conti à l'île Adam.

Jean-Jacques Rousseau et Voltaire, tous deux loués et blâmés avec excès.

Le marquis de Marigny, frère de la célèbre marquise de Pompadour ; il changea son nom de marquis de Vandières (marquis d'avant-hier, disait le peuple) pour celui de marquis de Marigny, et remplit avec gloire la place de directeur et ordonnateur général des bâtiments du roi (1781).

Gresset, l'auteur de *Ver-Vert* et du *Méchant* (1777).

Louis-Michel Vanloo, premier peintre du roi (1771).

Carle Vanloo et toute sa famille, par Louis-Michel Vanloo (1765).

Le maréchal de Saxe, vainqueur de Fontenoy et de Laufeld (1750).

La marquise de Pompadour, maîtresse de Louis XV (1764).

Mademoiselle de Sens (1765).

Robert Tournières, peintre (1725).

Marie Perdrigeon, femme du peintre François Boucher (1754).

Edme Bouchardon, célèbre sculpteur (1762).

J.-Baptiste Rousseau, poëte lyrique. Il fut trente ans digne d'envie, et trente ans digne de pitié (1741).

Robert le Lorrain, sculpteur (1743).

Stanislas I*er*, roi de Pologne; Nancy bénit encore sa mémoire (1766).

Revenons maintenant au second poêle à gauche et nous trouverons :

Marie-Thérèse d'Autriche, reine de Hongrie et de Bohême (1780).
Marie-Antoinette d'Autriche, femme de Louis XVI ; poursuivie par d'infâmes calomnies, elle termina sur l'échafaud une vie que ses vertus auraient dû remplir toute de bonheur (1793).
Frédéric II, roi de Prusse (1786).
Louis XVI jeune. Tout le monde connaît ses vertus, sa bonté et ses malheurs (1793).
Madame Élisabeth, l'aimable sœur de Louis XVI, associée à ses malheurs (1793).
Le comte d'Artois, depuis Charles X (1836).
Joseph II, empereur d'Allemagne (1790).
Le cardinal de Bernis, protégé de madame de Pompadour (1794).
Catherine II, impératrice de Russie (1796).
Guillaume Adolphe IV, roi de Suède.
La duchesse d'Angoulême (comtesse de Marne, dans l'exil) et son frère Louis, duc de Normandie, dauphin, mort au temple en 1795.
Louis-Philippe-Joseph d'Orléans, sa vertueuse épouse, Louise de Bourbon-Penthièvre, et deux de ses fils, Louis-Philippe Ier, roi des Français en 1830, et le duc de Montpensier, mort dans l'exil en 1807.

A droite sur la cour du théâtre, on remarque :

La famille de Bourbon-Condé.
Le comte de Provence, depuis Louis XVIII (1824).
Georges III, roi d'Angleterre (1820).
Le sultan Abdal-Hamid (1789) et son grand-visir.
Les enfants du comte d'Artois : le duc d'Angoulême (dans l'exil,

comte de Marne), le duc de Berry, assassiné en 1820, et mademoiselle d'Artois, morte en 1785.
Madame Victoire, fille de Louis XV, en jeune homme (1798).
Les archiduchesses d'Autriche; plus loin, un bal où Marie-Antoinette danse un menuet avec l'archiduc Ferdinand.

Enfin, on remarque dans la Salle (150), outre divers portraits des personnages représentés déjà, mais à des âges différents, dans la Galerie (149) :

Le comte de Vergennes, ambassadeur habile, sage ministre (1787).
Marie de Savoie, comtesse de Provence (1810).
Louis-Joseph de Bourbon (1814).
Le chancelier Maupeou, l'ennemi des parlements. Peu de temps avant sa mort, il fit don à l'état d'une somme de 800,000 fr. (1792).
Louis de Bourbon, duc d'Enghien, dont la mort est une tache indélébile dans la vie de l'Empereur (1804).
Victor Amédée III, roi de Sardaigne (1796).

Après que l'on a visité l'attique, l'ordre le plus naturel est de parcourir la galerie de sculpture (90).

Le deux portes qui sont à l'extrémité de cette galerie, conduisent au théâtre. Quoique le public ne soit pas admis à le visiter, ou plutôt parce qu'il n'y est pas admis, nous croyons devoir en donner une description abrégée.

Théâtre (88 et 87).

Louis XIV, si passionné dans sa jeunesse pour la musique, la danse et la comédie, n'avait cependant pas dans son palais de salle spécialement consacrée aux représentations dramatiques ; on dressait, suivant les besoins, les saisons et les circonstances, des théâtres mobiles, soit dans le palais, soit dans les bosquets. Ce ne fut que sous Louis XV, en 1753, qu'une salle d'opéra s'éleva, dans l'aile du Nord ; elle ne fut achevée qu'en 1770 et inaugurée la même année pour le mariage du dauphin, depuis Louis XVI, avec Marie-Antoinette. Dix-neuf ans plus tard, cette salle devait s'ouvrir une dernière fois, le 1er octobre 1789, pour le repas et le bal donnés par les gardes du corps aux officiers du régiment de Flandre. Fatales réjouissances dont le récit, envenimé par la haine, eut pour résultat les journées du 5 et du 6 octobre. Depuis ce jour, cette salle est restée veuve de rois et de courtisans ; mais une main réparatrice l'a rendue à sa destination, et ses voûtes élégantes ont répété de nouveau les vers de Molière et de Racine.

Briand a figuré l'Olympe sur le plafond de la scène ; Pajou a orné de bas-reliefs les loges du premier et du deuxième étage ; *Durameau*, sur le grand plafond ovale, a représenté Apollon, Vénus et l'Amour tressant des couronnes de lauriers pour les Génies qui cherchent dans les arts l'immortalité. Rien de plus animé, de plus expressif que les groupes où il a réuni la comédie, la tragédie, la musique, la danse, la poésie lyrique et la pastorale ; mais rien de plus solennel que l'Olympe, où *Briand* a réuni tous les dieux d'Homère ; la fière Junon, aux grands yeux ; la blonde Pallas, armée de son égide ; Neptune avec son trident, Mars avec son large glaive, Vénus avec sa ceinture magique ; son époux boiteux ; mais surtout le majestueux Jupiter, qui semble dire aux divinités réunies : Suspendez-vous tous à une chaîne dont ma main tiendra une extrémité, et, me riant de vos efforts réunis, je vous lancerai comme des enfants dans le vide des airs.

Ce plafond ne se voit que quand la salle est convertie en salle de bal.

On dit que les dépenses, chaque fois qu'on jouait dans cette salle un grand opéra, s'élevaient à 100,000 fr. Louis XVI, par économie, fut très-avare de ces représentations. Louis-Philippe a fait faire de grands travaux de restauration.

Le foyer du Roi est parfaitement orné.

L'extérieur de ce vaste corps de bâtiment n'offre, pour ornement d'architecture, qu'un fronton triangulaire soutenu par un péristyle d'ordre ionique.

Grand Réservoir au bout de l'aile du Nord.

Le grand réservoir alimenté par les eaux des étangs Gobert, masque à peu près la moitié du bâtiment où est la salle de théâtre. Tout autour règne une plateforme de dessus laquelle Mesdames de France goûtèrent souvent le plaisir de la pêche à l'hameçon.

Depuis longtemps l'humidité des lieux voisins de ce réservoir faisait soupçonner quelque crevasse, lorsque tout à coup, le 2 juin 1836, plusieurs grosses pierres, cédant à l'effort continu des eaux, leur ouvrirent une large brèche, et les eaux, comme un torrent, se précipitèrent dans les caves, dans les cuisines, dans les salles du grand hôtel du réservoir, renversant, emportant tout ce qui s'opposait à leur débordement.

Galerie de Sculpture (90).

En parcourant cette longue et belle galerie, créée par Louis-Philippe, et consacrée aux bustes, aux statues et aux tombeaux des rois, des reines et des personnages célèbres depuis les temps les plus reculés jusqu'à Louis XV (1), on trouve,

A gauche :

Le duc de Créquy, ambassadeur à Rome. St. demi-couchée.
Le duc de Brissac, pair de France. B.
Michel Letellier, chancelier de France. St. couchée.
Frédéric II, roi de Prusse. B.
Marie-Félice des Ursins, duchesse de Montmorency. St. assise.
Le maréchal de Saxe. B.
Henri II de Montmorency, amiral et maréchal de France. St. demi-couchée.
Vauban, maréchal de France. B. *Coysevox.*
Marg. de Luxembourg, duchesse de Trêmes. St. à genoux.
Gustave-Adolphe, roi de Suède. B. *Gois fils.*
Briçonnet, seigneur de Glatigny. B.
Louis-Charles d'Orléans, comte de Beaujolais, frère du roi. St. couchée. *Pradier.*

A droite :

Louis XI. Statue, *Jaley fils.*
Le comte de Lowendal, maréchal de France. Buste.
Jeanne d'Arc. St. par S. A. R. la princesse Marie.
Le marquis Dupleix, gouverneur de Poudichéry. B.
Charles VII. St. *Seurre jeune.*
Eugène de Savoie, généralissime des armées de l'empereur d'Allemagne, B., *Petitot père.*
Du Guesclin, connétable de France. St. *Foucou.*
Turenne, maréchal de France. B.
Charles V. St. *Valois.*
Le grand Condé. B.
Le marquis de Gesvres, maréchal des camps et armées du roi. St. à genoux.

(1) Les statues et les bustes, maintenant en plâtre, seront plus tard en marbre.

A gauche :	A droite :

A gauche :

Thomas Briçonnet, seigneur de Tournelles. B.

François Ier, St. *Dumont fils.*

Le cardinal de Richelieu. B. *Coysevox.*

Blaise Pascal, géomètre. B.

René Descartes, philosophe. B.

Louis XIII. B. *Varin.*

Charles VIII. St. *Debay fils.*

Peyresc, conseiller au parlement de Provence. B. *Francin fils.*

Antoine-Philippe d'Orléans, duc de Montpensier, frère du roi. St. couchée. *Pradier.*

Freminet, premier peintre d'Henri IV. B. *Francheville.*

Simon Vouet, premier peintre de Louis XIII. B. *Fessard.*

Le duc de Tresmes, pair de France. St. à genoux. *Auguier.*

Guillaume de Montmorency, conseiller des rois Charles VIII, Louis XII, François Ier, etc. St. à genoux.

Jacques de Souvré-Courtenvaux, grand-prieur de France. St. demi-couchée.

Diane, duchesse d'Angoulême. B.

Henri Chabot, duc de Rohan, pair de France. St. demi-couchée. *Auguier.*

Michel Montaigne, conseiller au parlement de Bordeaux. B. *Bridan fils.*

A droite :

Amador de la Porte, grand prieur de France. St. à genoux. *Michel Boudin.*

Jean, sire de Joinville, sénéchal de Champagne. St. *Bra.*

Le cardinal de la Rochefoucault. B.

Tombeau de Mazarin.

Le cardinal de Bérulle. B.

Saint-Louis. St. *Seurre ainé.*

Phélippeaux, ministre secrétaire d'état. St. à genoux.

Gaspard de Schomberg, intendant des finances. St. à genoux.

Annibal Carrache. B.

Blanche de Castille, femme de Louis VIII. St. *Elex.*

Christophe de Thou, prévôt des marchands. B.

Philippe-Auguste. St. *Jaley.*

Henri IV. B. *Prieur.*

L'abbé Suger. St. *Foyatier.*

Pierre Lescot, sculpteur. B. *Mademoiselle Charpentier.*

À gauche :	À droite :
Lucrèce de Beaumarchais, duchesse de Vitry. St. à genoux.	Hugues-Capet. St. *Raggi*.
Catherine de Clèves, duchesse de Guise. B.	Henri de Guise, le *Balafré*. B.
L'Hôpital, duc de Vitry, maréchal de France. St. à genoux.	Charlemagne. St. *Nanteuil*.
Henri III. B.	Le chancelier Michel de l'Hôpital. B.
Catherine de Médicis. St. à genoux.	Charles Martel. St. *Debay père*.
Charles Meigné, capitaine des gardes de François II. B.	Froelich, colonel-général des Suisses. B.
Henri II. St. à genoux.	Dagobert. St. *Deseigneur*.
Charles IX. B.	Henri II. B.

Vestibule de la Chapelle (76).

La belle salle qui au premier étage, sert de vestibule à la chapelle, se recommande par la délicatesse et le bon goût des sculptures.

Le contraste de la simplicité de cette salle avec la profusion des peintures et des dorures de la chapelle fait ressortir plus encore toute la magnificence que Louis XIV a voulu développer dans le plus beau morceau de Versailles. La Tribune à laquelle ce vestibule sert d'entrée était la tribune de Louis XIV. Là le grand roi venait s'humilier devant le roi des rois. Louis XIV ne descendait dans la chapelle qu'aux grands jours de fêtes. On lui préparait alors un fauteuil, au milieu de la nef, sur la mosaïque aux armes de France.

Un soir, Louis XIV, en arrivant dans sa tribune pour

assister au salut, ne fut pas peu surpris de trouver déserte la chapelle ordinairement remplie ; le P. Letellier en était tout aussi étonné, car les dames ne manquaient jamais d'assister aux offices. Mais le capitaine des gardes avait profité d'une affaire importante qui avait retenu le Roi pour faire retirer les gardes et répandre le bruit que Louis ne viendrait pas. En un instant la chapelle avait été désertée et les gardes replacées. Louis XIV instruit de ce qu'avait fait son capitaine des gardes eut de la peine à retenir un léger sourire, lorsqu'il vit revenir toutes confuses les unes après les autres les dames que l'on avait prévenues de son arrivée.

Salles de l'Histoire de France (De 77 à 86).

La Salle (70), consacrée aux exploits des trois dernières années du dix-huitième siècle, contient les dix-huit tableaux suivants :

615. Bataille de Rivoli (1797). BACLER D'ALBE.
628. Passage de l'Isonzo. COGNIET et GEORGES GUYON.
632. Combat de Dierdorf. COGNIET et GIRARDET.
637. Bonaparte donne un sabre au chef militaire d'Alexandrie (1798). MULARD.
638. Bataille de Chebreisse. COGNIET.
641. Bataille des Pyramides. HENNEQUIN.
642. Bataille de Sédinam. COGNIET et J. VIGNON.
645. Révolte du Caire. GIRODET.
646. Combat de Monterosi. COGNIET.
648. Bonaparte visite les fontaines de Moïse près du mont Sinaï. BERTHÉLEMY.
651. Halte de l'armée d'Égypte à Sienne (1799). TARDIEU.
652. Combat en avant d'Hesney. COGNIET.

654. Combat de Benouth. Ch. Langlois.
655. Bonaparte visite les pestiférés de Jaffa. Gros.
656. Combat de Nazareth. Taunay.
657. Bataille du Mont-Thabor. Cogniet et Philippoteaux.
659. Bataille d'Aboukir. Hennequin.
677. Bataille d'Héliopolis. Cogniet et Girardet.

La Salle (78) affectée aux années de 1800 à 1805, contient les vingt-deux tableaux suivants :

666. Combat de Stockach (duché de Bade) (1800).
667. L'armée française, au bourg de Saint-Pierre, traverse le grand Saint-Bernard. Thévenin.
672. Le premier consul visite l'hôpital du mont Saint-Bernard. Lebel.
675. L'armée française descend le mont Saint-Bernard. Taunay.
678. L'armée française traverse le défilé d'Albarédo, près du fort de Bard. Mongin.
679. Passage de l'artillerie française sous ce fort. Rod. Gauthier.
685. Combat du pont de la Chiusella. Id.
712. Bataille de Marengo (allégorie). Callet.
714. Reprise de Gênes par l'armée française. Hue.
715. Bataille de Hochstett.
749. Passage du Mincio et bataille de Pozzolo. Jouy, d'après Bellangé.
752. Napoléon visite le camp de Boulogne (1804).
738. Napoléon visite les environs du château de Brienne. Le Roy de Liancourt.
741. Entrevue de Napoléon et de Pie VII dans la forêt de Fontainebleau. Demarne et Dunoui.
775. Reddition d'Ulm (1805). Berthon.
774. Reddition d'Ulm (allégorie). Callet.

775. Entrée de l'armée française à Munich. TAUNAY.
792. Bivouac de l'armée française la veille au soir de la bataille d'Austerlitz. BACLER D'ALBE.
798. Mort du général Walhubert. PEYRON.
800. Bataille d'Austerlitz (allégorie). GALLET.
802. Entrevue de Napoléon et de l'archiduc Charles à Stamersdorf. PONCE CAMUS.
803. Le 1er bataillon du 4e régiment de ligne remet à l'Empereur deux étendards pris sur l'ennemi à la bataille d'Austerlitz.

La Salle (79) consacrée aux années 1806 et 1807, contient les douze tableaux qui suivent :

804. Le sénat reçoit les drapeaux pris dans la campagne d'Autriche (1806). REGNAULT.
805. Mariage du prince Eugène de Beauharnais et de la princesse Auguste-Amélie de Bavière à Munich. MÉNAGEOT.
807. Entrevue de Napoléon et du prince Primat, à Aschaffenbourg. CONST. BOURGEOIS.
808. Entrevue de Napoléon et du Grand-Duc dans les jardins du palais à Wurtzbourg. HIPP. LECOMTE.
809. Combat de Saalfeld. DESMOULINS.
814. La colonne de Rosbach, renversée par l'armée française. VAFFLARD.
817. Napoléon au tombeau du grand Frédéric. PONCE CAMUS.
824. Capitulation de Magdebourg. VAUCHELET.
837. Entrée de l'armée française à Dantzick (1807).
839. Combat de Heilsberg.
844. Hôpital militaire des Français et des Russes, à Mariembourg. ADOLPHE ROEHN.
845. Entrevue de Napoléon et d'Alexandre sur le Niémen. Id.

La Salle (80) consacrée aux années 1808 et 1809, contient les dix-huit tableaux qui suivent :

853. Napoléon, à Osterode, accorde des grâces aux habitants (1807). Ponce Camus.
855. Napoléon reçoit à Finkenstein l'ambassadeur de Prusse. Mulard.
848. Napoléon reçoit la reine de Prusse à Tilsitt. Tardieu.
849. Alexandre présente à Napoléon les cosaques, les baskirs et les kalmoucks de l'armée russe. Bergeret.
854. Entrée de la garde impériale à Paris, après la campagne de Prusse. Taunay.
855. Napoléon visite l'infirmerie des Invalides (1808). Véron Bellecourt.
858. Entrevue de Napoléon et d'Alexandre à Erfurth. Gosse.
863. L'armée française traverse les défilés de Guadarrama. Taunay.
865. Mademoiselle de Saint-Simon sollicitant la grâce de son père. Lafond.
867. Napoléon, à Astorga, accorde la liberté aux prisonniers anglais (1809). Hipp. Lecomte.
869. Bataille de la Corogne (1809).
873. Combat et prise de Landshut. Hersent.
880. Combat et prise de Ratisbonne. Thévenin.
881. Bataille d'Oporto.
885. Bombardement de Vienne. Bacler d'Albe.
888. Napoléon fait jeter un pont sur le Danube, à Ebersdorf, pour passer dans l'île de Lobau. Appiani.
897. L'armée française traverse le Danube à l'île de Lobau. Hue.
901. Bivouac de Napoléon sur le champ de bataille de Wagram ; nuit du 5 au 6 juillet 1809. Ad. Roehn.

La Salle (81) consacrée à l'année 1809, contient huit tableaux :

878. Napoléon blessé devant Ratisbonne (1809). Gautherot.
892. Prise de Laybach. Cogniet.

893. Retour de Napoléon dans l'île de Lobau après la bataille d'Essling. MEYNIER.
894. Combat de Mautern.
895. Bataille de Raab.
907. Combat d'Hollabrunn.
912. Bataille d'Ocana.
915. Mariage de l'empereur Napoléon et de Marie-Louise, archiduchesse d'Autriche, au palais du Louvre (1810). ROUGET.

La Salle (82) consacrée aux années de 1809 à 1812, contient les treize tableaux qui suivent :

904. Bataille de Wagram (1809). BELLANGÉ.
913. Marie-Louise, au moment de partir pour la France, distribue des bijoux à ses frères et à ses sœurs (1810). Madame AUZOU.
914. Arrivée de Marie-Louise à Compiègne. Id.
917. Siége de Lérida. RÉMOND.
918. Napoléon et Marie-Louise visitent l'escadre mouillée dans l'Escaut, devant Anvers. VAN BRÉE.
920. Le Friedland, de quatre-vingts canons, lancé dans le port d'Anvers. VAN BRÉE.
922. Bataille d'Almeida.
924. Reddition de Tortose (1811). RÉMOND.
928. Combat de Castalla (1812). CH. LANGLOIS.
929. Bataille de Smolensk.
930. Combat de Polotsk. CH. LANGLOIS.
931. Bataille de la Moskowa. Id.
932. Défense du château de Burgos. HEIM.

La Salle (83) affectée aux années 1813 et 1814, contient douze tableaux :

933. Bataille de Lutzen (1813). BEAUME.

936. Bataille de Bautzen.   Id.
937. Prise de Hambourg.
938. Prise de Tarragone. RÉMOND.
939. Bataille de Hanau. FÉRON, d'après H. VERNET.
941. Combat de Champ-Aubert (1814).
942. Bataille de Montmirail. H. SCHEFFER, d'après H. VERNET.
944. Bataille de Montereau.
946. Combat de Claye. EUG. LAMI.
947. Bataille de Toulouse.
948. Napoléon signe son abdication à Fontainebleau.
949. Adieux de Napoléon à la garde impériale, à Fontainebleau.

La Salle (84) ou salle de Louis XVIII, contient quatorze tableaux :

950. Arrivée de Louis XVIII à Calais (1814).
951. Louis XVIII aux Tuileries. MARIGNY, d'après GÉRARD.
952. Séance royale pour l'ouverture des chambres et la proclamation de la charte constitutionnelle.
953. Napoléon s'embarque à Porto Ferraio (île d'Elbe), pour revenir en France (1815). BAUME.
954. Louis XVIII quitte le palais des Tuileries. GROS.
957. Rétablissement de la statue de Henri IV sur le Pont-Neuf. (1818).
958. Sépulture de Napoléon à Sainte-Hélène (1821). ALAUX, d'après H. VERNET et GÉRARD.
959. Louis XVIII ouvre la session des chambres au Louvre (1823).
961. Prise des retranchements devant la Corogne. HIPP. LECOMTE.
962. Combat de Campillo d'Arenas. CH. LANGLOIS.
963. Attaque et prise du fort de l'île Verte. GILBERT.
964. Prise du Trocadéro. P. DELAROCHE.

966. Prise de Pampelune. C. Vernet.
969. Combat de Puerto de Miraveti. Eug. Lami.

La Salle (85) ou salle de Charles X, contient dix-neuf tableaux :

970. Entrée du roi Charles X à Paris (1824).
971. Sacre de Charles X à Reims (1825). Gérard.
972. Réception des chevaliers du Saint-Esprit dans la cathédrale de Reims.
973. Revue de la garde royale à Reims par Charles X. Gros.
974. Revue de la garde nationale au Champ-de-Mars par Charles X. H. Vernet.
975. Bataille de Navarin (1827). Garneray.
976. Même sujet. Bouterwer, d'après Ch. Langlois.
977. Mort de Bisson. Madame Rang.
978. Entrée de Charles X à Colmar (1828).
979. Entrevue du général Maison et d'Ibrahim Pacha à Navarin.
980. Prise de Patras.
981. Prise de Coron.
982. Prise du château de Morée. Ch. Langlois.
983. Bal donné au roi de Naples, François 1er, par le duc d'Orléans au Palais-Royal (1830).
984. Débarquement de l'armée française à Sidi-Ferruch (1830). Gudin.
985. Bataille de Staoueli. Carbillet, d'après Ch. Langlois.
986. Attaque d'Alger par mer.
987. Prise du fort de l'Empereur.
988. Entrée de l'armée française à Alger; prise de possession de la Casauba.

La Salle (86) ou salle de Louis-Philippe, contient trente-cinq tableaux :

989. Arrivée du duc d'Orléans au Palais-Royal (30 juillet 1830). CARBILLET, d'après H. VERNET.
990. Le duc d'Orléans signe la proclamation de la lieutenance-générale du royaume. COURT.
991. Le duc d'Orléans part du Palais-Royal pour se rendre à l'Hôtel-de-Ville. H. VERNET.
993. Arrivée du duc d'Orléans sur la place de l'Hôtel-de-Ville. FÉRON, d'après LARIVIÈRE.
995. Lecture à l'Hôtel-de-Ville de la déclaration des députés et de la proclamation du lieutenant-général du royaume. FR. DUBOIS, d'après GÉRARD.
997. Le lieutenant-général du royaume reçoit à la barrière du Trône le 1er régiment de hussards, commandé par le duc de Chartres. ARY. SCHEFFER.
998. Entrée au Palais-Royal du duc d'Orléans et du duc de Chartres.
999. La chambre des députés présente au duc d'Orléans l'acte qui l'appelle au trône, et la charte de 1830. HEIM.
1000. La chambre des pairs présente au Roi son adhésion à la déclaration de la chambre des députés. HEIM.
1004. Le Roi donne les drapeaux à la garde nationale de Paris et de la banlieue. FRANÇOIS et ÉT. DUBOIS.
1005. La garde nationale célèbre, dans la cour du Palais-Royal l'anniversaire de la naissance du Roi.
1006. Les quatre ministres signataires des ordonnances du 25 juillet 1830 sont conduits à Vincennes après leur jugement. BIARD.
1007. Le Roi refuse la couronne offerte par le congrès belge au duc de Nemours (1831). GOSSE.
1008. Le Roi distribue au Champ-de-Mars les drapeaux à l'armée. FR. DUBOIS.
1009. Le Roi, sur le champ de bataille de Valmy, donne la croix et une pension à un vieux soldat amputé à cette bataille. MAUZAISSE.
1010. Entrée du Roi à Strasbourg.

1011. La flotte française force l'entrée du Tage (1831). MAYER, d'après GILBERT.
1012. Entrée de l'armée française en Belgique. LARIVIÈRE.
1013. Occupation d'Ancône par les troupes françaises (1832).
1014. Prise de Bone. BOUTERWER, d'après H. VERNET.
1015. Le Roi au milieu de la garde nationale dans la nuit du 5 juin. BIARD.
1016. Le Roi parcourt Paris et console les blessés sur son passage. RUBIO, d'après AUG. DEBAY.
1017. Mariage du Roi des Belges avec la princesse Louise d'Orléans, au palais de Compiègne (1832). COURT.
1019. Le duc d'Orléans dans la tranchée, au siége de la citadelle d'Anvers. LUGARDON, d'après ROGER.
1020. Le duc de Nemours dans la tranchée au siége de la citadelle d'Anvers. EUG. LAMI et AMÉD. FAURE.
1021. Prise de la lunette Saint-Laurent. JOUY, d'après BELLANGÉ.
1022. Armement de la batterie de brèche. EUG. LAMI.
1023. Combat de Doel. D'après GUDIN.
1024. La garnison hollandaise met bas les armes devant les Français, sur le glacis de la citadelle d'Anvers. PHILIPPOTEAUX.
1025. Le Roi distribue, sur le Champ-de-Mars à Lille, les récompenses à l'armée du Nord (1833).
1026. Inauguration de la statue de Napoléon sur la colonne de la place Vendôme.
1027. Le Roi sur la rade, à Cherbourg. GUDIN.
1028. Funérailles des victimes de l'attentat du 28 juillet 1835, célébrées aux Invalides (1835). ALPH. JOHANNOT.
1029. Combat de l'Habrah (1835). THÉOD. LEBLANC.
1030. Marche de l'armée française après la prise de Mascara. Id.

Vestibule de l'escalier du Nord (16).

Avant d'entrer dans la galerie (17), on traverse le vestibule de l'escalier du Nord où sont placés cinq bustes :

François Ier, roi de France ;
L'amiral de Coligny ;
Le Grand Condé ;
Turenne ;
Le chevalier Bayard.

Galerie de Sculpture (17).

Cette belle galerie est consacrée aux bustes, aux statues et aux tombeaux des rois, des reines et des personnages célèbres des temps les plus reculés.

On trouve,

A gauche :

Charles, duc d'Orléans, de Milan, etc., pair de France.
    Buste, par *Desbœufs.*

Hélène de Melun, comtesse d'Eu, deuxième femme de Charles d'Artois. B.

Jeanne de Saveuse, comtesse d'Eu, première femme de Charles d'Artois. B. *Oudiné.*

Madeleine de Savoie, duchesse de Montmorency.
    St. couchée. *Pricur.*

Marie d'Anjou, femme de Charles VII, le Victorieux. B.

A droite :

Guillaume Duchatel, écuyer du Dauphin. B.

Constance de Castille, femme de Louis VIII, dit le Jeune. Statue.

Charles d'Artois, comte d'Eu, gouverneur de Paris, en 1465. B.

Louis VII, roi de France. St.

Charles VII, roi de France. B.

A gauche :

Le Connétable Anne de Montmorency. St. couchée, *Prieur*.

Léon III, de Lusignan, roi d'Arménie. B.

Roberte Le Gendre, femme du trésorier Poncher. St. couchée.

Valentine de Milan, femme de Louis de France, duc d'Orléans. B. *Mercier*.

Louis Poncher, trésorier de France. St. couchée.

Charles VI, roi de France. B.

Jeanne de Bourgogne, femme du duc de Bedfort. St. couchée.

Philippe V, dit le Long, roi de France. B. *Lanno*.

Isabelle de Melun, femme de Jean d'Artois, comte d'Eu. B.

Catherine d'Alençon, femme de Pierre de Navarre. St. couchée.

Jean d'Artois, comte d'Eu. St.

Marguerite de Flandre, duchesse de Bourgogne. B.

A droite :

Antoinette de Brive, dame de Jouy. St. à genoux.

Blanche de Castille, femme de Louis VIII. B.

Philippe de France, fils aîné de Louis VI. St.

Philippe d'Artois, comte d'Eu, connétable de France. B.

Jean d'Escoubleau, sire de Jouy. St. à genoux.

Philippe d'Orléans, comte de Vertus. B.

Louis VI, dit le Gros. St.

Louis de France, duc d'Orléans, gouverneur du Royaume. B.

Georges II d'Amboise, cardinal archevêque de Rouen. St. à genoux.

Isabeau de Bavière, femme de Charles VI. B.

Henri Ier, roi de France. St.

Isabelle d'Artois. B.

Le cardinal Georges I d'Amboise, ministre de Louis XII. St. à genoux.

Bureau II de la Rivière. B.

Constance d'Arles, femme de Robert le Pieux, roi de France. St.

Charles de Valois, le Magnanime, comte d'Alençon. B.

Charles de France, duc d'Orléans. St. à genoux.

A gauche :

Lothaire, roi de France. B.

Saint Louis, roi de France.
　　　　St. *Seurre.*

Le connétable Louis de Sancerre.
　　　　　　　　B.

Blanche de France, femme de
　Ferdinand de la Cerda.
　　　　　　　　B.

Jeanne de Bourbon, femme de
　Charles V, roi de France.
　　　　　B. *Mercier.*

Philippe Ier, roi de France. B.

Marguerite de Provence, femme
　de Louis IX.　　　　St.

Le connétable du Guesclin. B.

Charles V, le Sage, roi de France.
　　　　　　　　B.

Bonne de Luxembourg, femme de
　Jean le Bon, roi de France. B.

Pierre de Navarre, comte de Mortagne.　　　　St. couchée.

Jean le Bon, roi de France. B.

Philippe.　　　　　　　　B.

Le connétable Philippe d'Artois.
　　　　　　　St. couchée.

A droite :

Blanche de Navarre, femme de
　Philippe VI, roi de France.
　　　　　　　　B.

Robert le Pieux, roi de France.
　　　　　　　　St.

Guillaume de Montmorency, conseiller des rois Charles VIII,
Louis XII, etc. St. à genoux.

Le cardinal René de Birague,
　chancelier de France.
　　　　　St. à genoux.

Valentine de Balbiano, femme de
　René de Birague.
　　St. à genoux. *Germ. Pilon.*

Villers de l'Ile-Adam, grand maitre de l'ordre de Saint-Jean de
Jérusalem.　　St. à genoux.

Lothaire, roi de France. St.

Philippe VI, de Valois, roi de
　France.　　　　　B.

François de France, duc de Bretagne.　　　St. à genoux.

Jeanne d'Evreux, femme de Charles IV, roi de France.　B.

Eudes, roi de France. St.

Charles IV, le Bel, roi de France.
　　　　　B. *Gayrard.*

Charlotte de France, fille de
　François Ier.　St. à genoux.

— 85 —

À gauche :	À droite :
	Jeanne de Bourgogne, femme de Philippe V, le long. B.
Philippe V, le Long, roi de France. B. *Lanno*.	Carloman, roi de France. St.
	Clémence de Hongrie, femme de Louis X, roi de France. B.
Charles d'Artois, gouverneur de Paris, en 1465. St. couchée.	Claude de France, femme de François 1er. St. à genoux.
	Louis X, le Hutin, roi de France. B. *Lescorné*.
Louis de France, comte d'Évreux, pair de France. B.	Louis III, roi de France. St.
	Charles de France, comte de Valois, pair de France. B.
Jean d'Artois, comte d'Eu. St.	François Ier. St. à genoux.
	Jeanne, femme de Philippe-le-Bel. B.
Philippe IV, le Bel, roi de France. B. *Brion*.	Hermentrude, femme de Charles-le-Chauve, roi de France, et empereur d'Occident. St.
	Blanche de France, duchesse d'Orléans. B.
Regnauld de Dormans, maître des requêtes. St. couchée.	Anne de Bretagne, femme de Louis XII. St. à genoux.
	Robert de France, comte de Clermont, fils de Louis IX. B.
Pierre, comte d'Alençon, fils de Louis IX. B. *Matte*.	Berthe, femme de Pepin-le-Bref. St.
	Isabelle d'Aragon, femme de Philippe III. B. *Barre fils*.
Jean de Dormans, chanoine. St. couchée.	Louis XII, père du peuple, roi de France. *Demugiano*.
	Philippe III, le Hardi, roi de France. B. *Husson*.
Marguerite de Provence, femme de Louis IX. B. *Husson*.	Pepin-le-Bref, roi de France. St.
	Louis IX, roi de France. B. *Dusaigneur*.

A gauche :	A droite :
Jean-le Bon, roi de France. St. couchée.	Isabellé Bureau, femme de Geoffroy-Cœur. St. à genoux. *Phil. Buyster.*
	Blanche de Castille, femme de Louis VIII. B.
Louis VIII, le Lion, roi de France. B. *Oudiné.*	Clovis II, roi de France. St.
	Hugues Capet, roi de France. B.
Guillaume Chanai, évêque de Paris. St. couchée.	Louis XI, roi de France. St. à genoux.
	Charles Martel. B.
Sainte Clotilde, femme de Clovis. St.	Clovis Ier, roi de France. St.

Chapelle.

La belle architecture qui règne à l'extérieur de cette chapelle commencée en 1699 et terminée en 1710, la pureté des pilastres corinthiens, la beauté des bas-reliefs et des statues, l'éclat des ornements dorés qui décorent le comble, tout cela n'est rien en comparaison de la magnificence déployée au dedans. La richesse du pavé tout en marbre de diverses couleurs; l'éclat rayonnant de la *Gloire*, qui couronne l'autel; la perfection des colonnes dont la pierre imite le marbre; l'immense composition de ce beau ciel où Coypel, Lafosse et Jouvenet ont développé d'un pinceau hardi et plein d'intelligence la vaste épopée du christianisme; les précieux bas-reliefs des Poirier, des Coustou, des Adam; les admirables peintures des deux Boulogne, tout frappe, tout saisit, tout transporte. Il faudrait un volume pour décrire toutes ces beautés; une semaine entière pour les admirer en détail.

AILE DU SUD.

REZ-DE-CHAUSSÉE.

On pénètre par le vestibule (60); et la statue de Napoléon, par Rutchiel, annonce que l'on va lire l'histoire de ce héros, reproduite sur plus de trois cents toiles.

Le Roi a eu, ici encore, d'immenses travaux à opérer pour approprier à leur destination actuelle, un grand nombre de pièces mal distribuées et pour créer du côté des cours intérieures deux belles galeries de sculptures.

Voici les tableaux qui décorent les treize pièces de (61 à 74).

La Salle (61) répond à l'année 1796, et contient vingt-quatre tableaux :

523. Ville et château de Nice; le général Bonaparte prend le commandement de l'armée d'Italie. ALAUX et GUIAUD.
526. Entrée de l'armée française à Savonne.   Id.
529. Le colonel Rampon défend la redoute de Montelegino. BERTHON.
531. Bataille de Montenotte. ALAUX et GUIAUD.
534. Blocus du château de Cossaria. ALAUX et PARMENTIER.

536. Attaque de ce château. Taunay.
539. Bonaparte reçoit, à Millésimo, les drapeaux enlevés à l'ennemi. Ad. Roehn.
543. Combat de Dègo; Bonaparte rencontre le général Causse, blessé mortellement. Mulard.
549. Attaque de Saint-Michel. Alaux et Guyon.
550. Prise des hauteurs de Saint-Michel. Id.
552. Bataille de Mondovi. Id.
559. Prise de Coni. Alaux et Lafaye.
564. Passage du Pô sous Plaisance. Boguet.
570. Bataille de Lodi. Alaux et Lafaye.
574. Prise de Crémone. Alaux et Oscar Gué.
577. Entrée de l'armée française à Milan. Alaux et Lafaye.
585. Combat de Salo. Hipp. Lecomte.
587. Vue du lac de Guarda; les chaloupes ennemies font feu sur les voitures de madame Bonaparte.
588. Bataille de Lonato. Alaux et Hipp. Lecomte.
597. Prise du château de la Pietra. Mauzaisse.
604. Combat d'Altenkirken; mort du général Marceau. Couder.
605. Le général Augereau au pont d'Arcole. Thévenin.
607. Bataille d'Arcole. Bacler d'Albe.
611. Bataille de Rivoli (1797); le général Joubert reprend le plateau de Rivoli. Aug. Debay.

La Salle (62) affectée aux années 1797 et 1798, contient onze tableaux.

594. Bataille de Castiglione (1796). V. Adam.
614. Bataille de Rivoli (1797). Lepaulle, d'Après C. Vernet.
619. Combat d'Anghiari. Alaux et Oscar Gué.
620. Bonaparte visite le champ de bataille le lendemain de la bataille de Rivoli. Taunay.
623. Reddition de Mantoue. Hipp. Lecomte.
624. Prise d'Ancône. Boguet.

625. Passage du Tagliamento sous Valvasone. Hipp. Lecomte.
630. Préliminaires de la paix signés à Léoben. Léthière.
631. Bataille de Neuwied. V. Adam.
635. Entrée de l'armée française à Rome (1798). Alaux et Hipp. Lecomte.
649. Prise de Naples (1798). Taurel.
Un combat dans les défilés du Tyrol.

La Salle (63) affectée à la campagne d'Égypte, en 1798, contient les huit tableaux suivants :

654. Prise de l'île de Malte. Alaux et Guiaud.
655. Débarquement de l'armée française en Égypte. Pingret.
656. Prise d'Alexandrie (Basse-Égypte). Id.
639. Bataille des Pyramides. Gros.
640. Même sujet. Vincent.
644. Bonaparte fait grâce aux révoltés du Caire. Guérin.
650. L'armée française traverse les ruines de Thèbes (1799). Pingret.
653. Combat d'Aboumana. Pingret.

La Salle (64) affectée aux années 1802 — 1804, contient les six tableaux qui suivent :

662. Le 18 brumaire (1799). Alaux et Lestang.
665. Revue du premier Consul dans la cour des Tuileries (1800). Id.
725. Signature du concordat entre la France et le Saint-Siége (1801). Id.
728. La consulta de la république cisalpine, réunie en comice à Lyon, décerne la présidence au premier Consul (1802). Monsiau.
729. Entrée de Bonaparte, premier consul, à Anvers (1803). Van Brée.

759. Napoléon, au camp de Boulogne, distribue les croix de la Légion-d'Honneur (1804). Hennequin.

La Salle (65) consacrée à l'année 1804, contient les trois tableaux suivants :

730. Napoléon reçoit à Saint-Cloud le sénatus-consulte qui le proclame empereur des Français (1804). Rouget.
731. Napoléon, aux Invalides, distribue la croix de la Légion-d'Honneur. Debret.
747. Napoléon reçoit au Louvre les députés de l'armée, après son couronnement. Serangeli.

La Salle (66) affectée à l'année 1805, contient les dix-sept tableaux suivants :

748. Napoléon reçoit aux Tuileries la consulta de la république italienne, qui le proclame roi d'Italie (1805). Goubaud.
750. L'armée française passe le Rhin à Strasbourg. Alaux et May.
752. Napoléon reçu à Ettlingen par le prince électeur de Bade. J.-Vict. Bertin.
753. Napoléon reçu au château de Louisbourg par le duc de Wurtemberg. Watelet.
754. Combat de Wertingen. Eug. Lepoittevin.
757. Combat d'Aïcha, près Augsbourg. Jollivet.
758. Attaque du pont de Gunzbourg. Alaux et Lestang.
760. Prise de Gunzbourg. Id.
761. Combat de Landsberg. Hipp. Bellangé.
762. Combat d'Albeck. Alaux et V. Adam.
764. Napoléon harangue le 2e corps de la grande armée sur le pont de Lech, à Augsbourg. Gautherot.
765. Capitulation de Memmingen. Alaux et V. Adam.

767. Entrée de l'armée française à Memmingen. Ataux et Osc. Gué.
768. Combat d'Elchingen. Roqueplan.
770. Capitulation de Nordlingen. V. Adam.
772. Reddition d'Ulm. Thévenin.
786. Combat de Diernstein. Beaume.

Le Vestibule (67) a pour ornements cinq statues et sept bustes.

Au milieu est la statue en bronze de Napoléon, par Seurre.

Autour du Vestibule sont, en commençant par la gauche :

Marie-Louise, buste par Spalló.
Napoléon, empereur, statue.
Marie-Anne-Éliza Bonaparte, buste par Bartolini.
Lebrun, duc de Plaisance, archi-trésorier de l'empire, statue par Masson.

Lebrun.

Joseph Bonaparte, buste par Bartolini.

Joseph Bonaparte.

Napoléon, buste par Bosio.

Cambacérès, duc de Parme, archichancelier de l'empire, statue par Rolland.

Napoléon, buste par Houdon.

Napoléon, statue par Cartelier.

Joséphine, impératrice, buste par Houdon.

Eugène de Beauharnais, buste par Comolli.

La Salle (68), continuation des exploits de 1805, contient les dix tableaux suivants :

774. Attaque et prise du pont du vieux château de Véronne. Alaux et Lafaye.
775. Reddition d'Ulm. Thévenin.
776. Prise de Lintz. Alaux et Guiaud.
777. Entrée de l'armée française à Lintz. Alaux et Guyon.
780. Combat d'Amstetten. Alaux et Lafaye.
782. Napoléon rend honneur au courage malheureux. Debret.
785. Le maréchal Ney remet aux soldats du 76ᵉ régiment de ligne leurs drapeaux retrouvés dans l'arsenal d'Inspruck. Meynier.
788. Passage du Tagliamento. Alaux et Philippoteaux.
790. Combat de Gellersdorf et de Hollabrunn. Féron.
794. Entrée de l'armée française à Vienne. Alaux et Guiaud.

La Salle (69), continuation des exploits de 1805, contient les six tableaux qui suivent :

785. Occupation de l'abbaye de Molk par l'armée française. AD. ROEHN.
789. Napoléon reçoit les clefs de Vienne. GIRODET.
793. Bivouac de l'armée française, la veille au soir de la bataille d'Austerlitz. ALAUX et BROCAS, d'après BACLER D'ALBE.
794. Napoléon donnant l'ordre avant la bataille. C. VERNET.
799. Mort du général Walhubert. ALAUX et BRISSET, d'après PEYRON.
804. Entrevue de Napoléon et de François II, empereur d'Autriche, après la bataille d'Austerlitz. GROS.

Entrevue de Napoléon et de François deux.

La Salle (70) consacrée aux années 1806—1807, contient les six tableaux suivants :

815. La colonne de Rosbach renversée par l'armée française. ALAUX et BAILLIF, d'après VAFFLARD.
818. Napoléon au tombeau du grand Frédéric. Id., d'après CAMUS.
819. Entrée de l'armée française à Berlin. MEYNIER.
826. Napoléon reçoit au palais royal de Berlin les députés du sénat. BERTHON.
851. Napoléon sur le champ de bataille d'Eylau (1807).
852. Bivouac d'Osterode. HIPP. LECOMTE.

La Salle (71) consacrée à l'année 1807, contient les six tableaux qui suivent :

836. Napoléon reçoit à Finkenstein l'ambassadeur de Perse. ALAUX et RUBIO, d'après MULARD.
838. Entrée de l'armée française à Dantzick. ALAUX et GUIAUD.
847. Napoléon reçoit la reine de Prusse à Tilsitt. GOSSE.
850. Napoléon, à Tilsitt, donne la croix à un soldat qui lui est désigné comme le plus brave. DEBRET.
851. Adieux de Napoléon et d'Alexandre, après la paix de Tilsitt. SERANGELI.
852. Prise de Stralsund. ALAUX et HIPP. LECOMTE.

La Salle (72) consacrée aux années 1807 — 1808, contient les huit tableaux suivants :

855. Mariage du prince Jérôme Bonaparte et de la princesse Frédérique-Catherine de Wurtemberg. REGNAULT.
857. Entrée de Ferdinand VII en France (1808). ALAUX et LESTANG.
859. Combat de Sommo-Sierra. ALAUX et HIPP. LECOMTE.

— 95 —

860. Napoléon accorde une heure à la ville de Madrid pour capituler. C. Vernet.
862. Capitulation de Madrid. Gros.
864. L'armée française traverse les défilés de Guadarrama. Alaux et Lafaye, d'après Taunay.
866. Mademoiselle de Saint-Simon sollicitant la grâce de son père. Alaux et Lafaye, d'après Lafond.
868. Napoléon à Astorga accorde la liberté aux prisonniers anglais (1809). Alaux et Baillif, d'après Hipp. Lecomte.

La Salle (73) affectée aux exploits de 1809, contient les dix tableaux qui suivent :

874. Napoléon harangue les troupes bavaroises et wurtembourgeoises à Abensberg. Debret.
876. Bataille d'Ekmuhl. Alaux et Gibert.
882. Combat d'Ébersberg. Taunay.
884. Bivouac de Napoléon près du château d'Ébersberg. Mongin.
887. Passage du Tagliamento. Alaux et Rigaud.
889. Bataille d'Essling. Alaux et Lafaye.
894. Le maréchal Lannes, duc de Montebello, blessé mortellement à Essling. Alb.-P. Bourgeois.
896. Prise de Raab (Hongrie). Alaux et Philippoteaux.
898. L'armée française traverse le Danube à l'île de Lobau. Alaux et Lafaye, d'après Huc.
916. Mariage de l'empereur Napoléon et de Marie-Louise, au palais du Louvre (1810). Rouget.

Salle (74).

La dimension des tableaux qui représentent les exploits de l'année 1800, n'a pas permis de les mettre dans la Salle (64), Le Roi a créé une salle exprès pour les admirables tableaux de David et de Vernet. Dans cette salle dont MM. Alaux et Hippolyte Lecomte ont complété la décoration, Louis-Philippe a mis une belle colonne de porcelaine de Sèvres et quatre vases de la même manufacture. En dehors, sur la terrasse que dominent les croisées, est la statue de Napoléon empereur.

Voici les quinze tableaux de cette salle :

668. Passage du Mont Saint-Bernard (1800). ALAUX et HIPP. LECOMTE.
670. Même sujet, aquarelle de BAGETTI.
671. Le premier Consul dans les Alpes. DAVID.
674. L'armée française s'empare du défilé fortifié de la Cluse. ALAUX et V. ADAM.
680. Passage de l'artillerie française sous le fort de Bard. ALAUX et V. ADAM.
685. Entrée de l'armée française dans Ivrée. Id.
686. Passage de la Chiusella. ALAUX et HIPP. LECOMTE.
689. Passage de la Sesia et prise de Verceil. Id.
692. Attaque du fort d'Arona. Id.
696. Attaque et prise du pont de Plaisance.
703-705. Bataille de Montebello. Première attaque en vue de Casteggio; deuxième attaque, passage de Coppo. ALAUX et V. ADAM.
708. Bataille de Marengo. CARLE VERNET.
709. Le général Desaix blessé mortellement à la bataille de Marengo. REGNAULT.
715. Après la bataille de Marengo, quatorze places fortes sont remises à l'armée française. DROLLING.

Galerie de Sculpture (75).

Cette belle galerie, créée par Louis-Philippe, est dallée en marbre, et a trois cents pieds de longueur; elle a été destinée à recevoir les statues et les bustes des généraux de 1790 à 1815. Les statues sont placées dans des niches pratiquées dans les profondeurs des anciennes portes; les bustes, sur des piédestaux devant les pilastres. On trouve :

A gauche :

Napoléon.
  Buste.

Bonaparte, premier consul, au passage des Alpes. Bas rel.

Hoche, au passage du Rhin, en 1797. Bas rel.

Hoche. Statue assise, par *Milhomme*.

Tronchet, sénateur.
  B. *Roland*.

Mortier, duc de Trévise, maréchal de France. B. *Bra*.

Le comte de Lasalle, général de division. St. *Taunay*.

Foy, lieutenant-général.
  B. *Bra*.

Le comte de Portalis, ministre des cultes. St. *Deseine*.

Kléber, général en chef.
  St. *Lemaire*.

Tronchet, sénateur.
  St. *Roland*.

A droite :

Desaix de Veigoux, général de division, mort à Marengo.
  B. *Moitte*.

Mort de Desaix.
  Bas rel. *Moitte*.

Hoche, à la bataille de Neuwied.
  Bas rel.

Dubesme, lieutenant-général, tué à Waterloo. B. *Pradier*.

Le marquis de Chasseloup-Laubat, pair de France, lieutenant-général. B.

Le comte Lagrange, sénateur.
  B. *Deseine*.

Letort, lieutenant-général, tué à Fleurus. B. *Debay fils*.

Le duc de Larochefoucauld-Liancourt, pair de France.
  B. *Bougron*.

Bessières, duc d'Istrie, maréchal de France, tué à Lutzen. B.

Le baron Georges Cuvier, pair de France. B. *Pradier*.

Duroc, maréchal de France, tué à Reichenbach. B.

A gauche :

Le comte de Bougainville, sénateur. B.

Joachim Murat.
     St. *Lemot.*

Le comte Serrurier, maréchal de France. B.

Eugène de Beauharnais.
    St. *Ramey père.*

Lefebvre, duc de Dantzick, maréchal de France.
     B.

Louis Bonaparte, ex-roi de Hollande. St. *Cartelier.*

Davoust, duc d'Auërstaëdt, maréchal de France.
    B. *Bosio.*

Joseph Bonaparte, ex-roi d'Espagne. St. *Delaistre.*

Le comte Brune, maréchal de France. B.

Entrée de l'armée française à Vienne. Bas rel. *Deseine.*

Masséna, duc de Rivoli, maréchal de France. B. *Masson.*

Le duc de Luynes, sénateur.
    B. *Deseine.*

Paix de Presbourg en 1805.
   Bas rel. *Lesueur.*

Darcet, sénateur.
     B.

Kléber, général en chef des armées françaises.
    St. *Lemaire.*

Kellermann, duc de Valmy, maréchal de France. B.

Moreau, général en chef des armées françaises. St.

Bon, général de division.
     B.

Cafarelli du Falga, général de division du génie.
    St. *Masson.*

A droite :

Le comte Baraguey-d'Hilliers, général de division.
    B. *Chinard.*

Colbert, général de brigade, tué en Espagne. B.

Le marquis de Lauriston, pair et maréchal de France.
    B. *Bosio.*

Saint-Hilaire, général de division, tué à Essling. B.

Pérignon, maréchal de France.
    B. *Matte.*

Espagne, général de division, tué à Essling. B.

Le marquis de Gouvion-Saint-Cyr, maréchal de France.
    B. *David.*

Lannes, duc de Montebello, tué à Essling. B.

Ney, duc d'Elchingen, prince de la Moskowa, maréchal de France. B. *Houdan.*

Roussel, général de division.
    B. *Espercieux.*

Augereau, duc de Castiglione, maréchal de France. B.

Berthier, prince de Wagram et de Neufchâtel, maréchal de France. B.

D'Hautpoult, lieutenant-général, tué à Erfurt. B. *Jaley.*

Le cardinal de Belloy, archevêque de Paris. B.

Valhubert, général de brigade, tué à Austerlitz.
    B. *Debay père.*

Daubenton, sénateur.
     B.

Desaix, tué à Marengo.
     B.

Hatry, général de division et sénateur. B.

Marceau, général des armées françaises, tué à Altenkirken.
    B. *Dumont père.*

A gauche :

Watrin, général de division.
B. *Boichot.*

Joubert, général en chef des armées françaises.
St. *Houdon.*

Elliot, capitaine aide-de-camp du général Bonaparte. B. *Dardel.*

Pichegru, général en chef de l'armée du nord.
St. *Cartelier.*

La Tour d'Auvergne, le premier grenadier français.
B. *Corbet.*

Dugommier, général en chef des armées françaises.
St. *Chaudet.*

La Harpe, général de division.
B. *Lecomte.*

Le comte de Custine, général en chef des armées françaises.
St. *Moitte.*

De Stengel, général de brigade.
B. *Thérasse.*

Lavoisier, célèbre chimiste.
B. *Stouf.*

Dumouriez, général en chef des armées françaises. St. *Laitié.*

Le Pelletier de Saint-Fargeau, membre de l'assemblée constituante. B.

A droite :

Dupuy, général de brigade.
B. *Roland.*

Dampierre, général en chef des armées françaises, tué à Vicogne.
B. *Foucou.*

Shulkowski, colonel, aide-de-camp de Bonaparte. B. *Espercieux.*

Gouvion, général de division, tué à Grisuelle.
B. *Dantan aîné.*

Hoche, général en chef des armées françaises.
B. *Delaistre.*

Drouet, général de brigade.
B. *Valois.*

Bannel, général de brigade.
B. *Bartolini.*

Guiscard, général de brigade.
B. *Dantan jeune.*

Le marquis de La Fayette, général en chef de la garde nationale de Paris. B. *Houdon.*

La Touche-Tréville, vice-amiral.
B. *Thérasse.*

Leclerc, général en chef.
St. *Dupaty.*

Le comte de Mirabeau.
B. *Dumont père.*

Dans le Vestibule (59), on trouve adossés au mur : les statues de Gaston d'Orléans, oncle de Louis XIV, par PRADIER; de Philippe d'Orléans son frère, par DURET; du duc de Bourgogne, par BRION; du duc d'Anjou, roi d'Espagne, sous le nom de Philippe V, par LESCORNÉ; et de Charles, duc de Berri, troisième fils du grand dauphin, par ELSHOEHT.

Montons l'escalier des Princes (60) pour aller visiter sa grande galerie des batailles.

Au haut de cet escalier, en face de la statue d[e] Louis XIV, par mademoiselle Augier, est la statu[e] de Louis-Philippe, le restaurateur de Versailles.

Grande Galerie des Batailles (137).

Cette magnifique galerie, tout entière de la créatio[n] du Roi, reçoit le jour d'en haut, et les deux vestibule[s] qui la terminent sont décorés de sujets allégoriques peints à fresque par Abel de Pujol.

Les tableaux dont se compose cette galerie représen[tent] les trente-trois grandes batailles où les França[is] remportèrent des victoires signalées, depuis Tolbiac sous Clovis, jusques à Wagram, sous Napoléon, mo[nu]nument vraiment national, où figurent les héros [de] chaque siècle, archives immortelles de toutes les gloir[es] de la France.

N. 1. Clovis ouvre cette vaste collection par la vi[c]toire de Tolbiac, en 496; ce beau tableau est dû a[u] pinceau de Scheffer. — N. 6. Steuben a représen[té] Charles-Martel, libérateur de la France, vainqueur d[es] Sarrasins, qu'il repousse au-delà des Pyrénées, apr[ès] avoir tué leur chef Abdérame, en 732. — N. 1[3] Charlemagne, aussi célèbre par sa bravoure que par [sa] sagesse, vainqueur, en 785, des Saxons et du fame[ux] Witikind, est peint par Scheffer. — N. 18. Eude[s] comte de Paris, fait lever le siége de cette capita[le] en 885, sous le règne de Charles-le-Gros; Schnetz a r[e]présenté à cheval, et revêtu d'une armure magnifiqu[e] ce héros que sa valeur éleva sur le trône. — N. 4[3] Horace Vernet nous montre Philippe-Auguste à Bo[u] vines, en 1214. La fuite de l'empereur Othon justifiera la confiance des Français dans leur roi, qui renonce à la couronne, s'il s'offre pour la porter un plus brave que lui. — N. 44. Saint Louis sur le pont de Taillebourg, en 1252, au moment d'être enveloppé par les Anglais, est délivré par ses soldats, et sa présence assure la victoire. Le pinceau de Delacroix n'a pas été au-dessous de ce grand sujet.

— N. 53. Philippe-le-Bel en 1304, à Mons en Puelle, vainqueur des Flamands. — N. 56. Peint par Scheffer, son successeur, Philippe de Valois, vainqueur à Cassel en 1328, attire ensuite nos regards. — Mais voici Duguesclin à Cocherel, N. 58 ; en face de lui sont les Anglais, commandés par le fameux Captal de Buch ; il salue par une victoire l'avénement au trône de Charles V. — N. 65. Jeanne d'Arc délivre Orléans en 1429, et vingt-quatre ans plus tard Charles VII, vainqueur à Castillon, régnera sur la France entière, N. 73. — Sous le N. 80, le peintre Féron nous fait assister à l'entrée triomphante de Charles VIII à Naples, en 1405. — N. 92. Fragonard nous transporte à Marignan, en 1515, à cette journée de géants après laquelle François Ier voulut se faire armer chevalier par le brave Bayard. — N. 101. François de Guise délivrant Calais, et en chassant à jamais les Anglais, est dû au talent de Picot.

— Après tant de héros et tant de victoires, on aime à reposer les yeux sur le roi de France, le plus justement populaire de nos souverains. Honneur à Gérard qui, sous le N. 128, nous a retracé les traits de ce prince dans le tableau où ce monarque fait son entrée dans la

Entrée d'Henri quatre à Paris.

capitale en 1594. Pourquoi faut-il que l'auteur de ce chef-d'œuvre, enlevé trop tôt à l'admiration de la France n'ait pas assez vécu pour assister à l'inauguration du héros dans le temple élevé par un de ses petits-fils ! —

Sous les numéros 149, 188, 202, Heim, Franque et La Rivière nous ont représenté Condé à Rocroy, en 1643, dans l'ivresse de sa première victoire, cueillant à Lens des lauriers nouveaux, en 1658. — Turenne rencontrant dans don Juan d'Autriche un rival digne de lui, et le défaisant complétement à la bataille des Dunes, en 1658. — Alaux nous montre le grand roi sous les murs de Valenciennes, en 1677. N. 292. Il est là, dirigeant l'attaque, et la ville est emportée sous ses yeux. Philippe d'Orléans, frère du roi, les maréchaux de Luxembourg, d'Humières, de Lorges, sont aux côtés du monarque, qui peut à peine contenir la bouillante ardeur des mousquetaires.

Au N. 331, Dévéria nous rappelle la gloire du sage et modeste Catinat, vainqueur, à la Marsaille, de l'illustre prince Eugène, en 1693. — N. 545. Vendôme, consolidant par la victoire de Villaviciosa, en 1710, la couronne de Philippe V, roi d'Espagne, est représenté par Alaux au moment où le prince se repose sur un lit fait à la hâte avec les étendards pris à l'ennemi. — N. 547. Montvoisin nous conduit aux champs de Denain en 1712, où, grâce au génie de Villars, la France, plongée dans l'inquiétude, reprend son orgueil, sa puissance et sa sécurité; Louis peut désormais descendre avec toute sa gloire dans la tombe prête à s'entr'ouvrir pour lui.

N. 582. A Fontenoy, en 1745, le maréchal de Saxe continue les prodiges du grand siècle. Horace Vernet l'a représenté brisé par la souffrance, mais soutenu par son génie et son ardeur, parcourant dans une calèche d'osier les rangs de son armée, et lui inspirant son courage et son énergie. Voici la maison du roi, et le duc de Richelieu à sa tête, chargeant et enfonçant la colonne anglaise, si audacieusement commandée par le brave duc de Cumberland. Louis XV, avec son fils le dauphin, résiste en roi de France aux conseils pusillanimes des courtisans, qui le prient de s'éloigner. — N. 409. Nous retrouvons encore, grâce aux pinceaux de Couder, Louis XV et son vaillant maréchal, vainqueur des Anglais à Lawfeldt, en 1747. — N. 442. Le même peintre nous retrace également les exploits des Français en Amérique, lors de la guerre de l'indépendance, et la glorieuse prise d'Yorcktown, où Rochambeau et Washington triomphent des Anglais, en 1781. Cette victoire assurera l'affranchissement des États-Unis. Mais les volontaires, vainqueurs en Amérique, ont rapporté et propagé sur nos rivages les accents de la liberté; la France les répète avec enthousiasme; les souverains veulent les étouffer; la guerre éclate sur le continent.

N. 506. Saluons le drapeau tricolore, qui apparaît avec fierté sur les champs de bataille, et que Bellangé nous montre se déployant avec orgueil à Fleurus, en 1794, soutenu par les redoutables épées de Kléber, de Bernadotte, de Lefebvre, de Championnet, et triomphant du prince de Cobourg, grâce aux savantes dispositions du général en chef Jourdan. — N. 612. Cogniet a heureusement reproduit la glorieuse journée de Rivoli 1797. — N. 661. Bouchot nous montre Masséna, l'enfant chéri de la victoire, sauvant la France à Zurich, en 1799, et la délivrant des hordes sauvages de Sowa-

— 105 —

row. — N. 718. Schoppin rappelle à nos souvenirs la glorieuse victoire d'Hohenlinden, où l'archiduc Jean fut complétement battu par Moreau en 1800.

Sous les numéros 797, 812, 842 et 905, Gérard et Horace Vernet nous font assister aux victoires d'Austerlitz,

Bataille d'Austerlitz.

d'Iéna, de Friedland et de Wagram ; les monarchies d'Autriche et de Prusse sont renversées, la puissance russe chancelle, enfin l'Autriche à genoux s'humilie, et donne à Napoléon sa fille, alliance dont les résultats seront si funestes.

C'est à regret que l'on quitte cette belle galerie, mais on doit retrouver encore ces héros modernes, qui laissent bien loin d'eux les anciens combattants que le vieil Homère a chantés.

Salle de 1830 (139).

Elle est consacrée au souvenir des journées de 1830. Décorée de tableaux peints par Gérard, Scheffer, La Rivière, Court et Devéria, elle offre successivement l'arrivée du duc d'Orléans à l'Hôtel-de-Ville, N. 994 ; — La lecture de la déclaration des députés, et de la proclamation du lieutenant-général du royaume, N. 995 ; — Le duc d'Orléans recevant à la barrière du Trône le premier régiment de hussards, commandé par le duc Chartres, N. 996 ; — Sous le N. 1001, Louis-Philippe à la chambre des représentants de la nation, prête serment devant les pairs et les députés. — Le N. 1003 représente la revue de la garde nationale, le 30 août, au Champ-de-Mars. Les gardes nationaux reçoivent des mains du Roi les drapeaux, sur lesquels est gravée la belle devise : *Liberté, Ordre public.*

Galerie de Louis XIV (139).

Cette galerie est consacrée aux bustes et aux statues des hommes célèbres depuis le seizième siècle jusqu'à la révolution; mais on l'appellera Galerie de Louis XIV, parce que les contemporains de ce grand roi y dominent.

On trouve :

A gauche :

Louis, prince de Conti. Buste.

Le maréchal de Saxe. St. *Rude.*

Le cardinal de Noailles, archevêque de Paris. B. *Coysevox.*

Sylvain de Régis, philosophe. B.

Villars, maréchal de France. St. *Dantan aîné.*

Lecamus, maître des requêtes. B.

Le duc de Vendôme, général des galères. St. *Pradier.*

Lesrat, président au parlement de Paris. B.

Le Régent. St. *Bra.*

Bossuet. B.

Le comte de Tourville, maréchal de France. St. *Houdon.*

Lamoignon, premier président au parlement de Paris. B.

Abraham Duquesne, lieutenant-général des armées navales de France. St. *Monnot.*

Le Tellier, marquis de Barbezieux, seigneur de Louvois. B. *Coysevox.*

Vauban, maréchal de France. St. *Bridan père.*

Le cardinal Mazarin. B. *Flatters.*

A droite :

Louis-Philippe, duc d'Orléans, petit-fils du Régent. B.

Suffren, vice-amiral de France. St. *Rutchiel.*

Le chancelier d'Aguesseau. B.

Le comte de Forbin, chef d'escadre. B. *Petitot fils.*

Le cardinal Hercule de Fleury. St. à genoux.

Le marquis d'Argenson, chancelier de France. B. *Coustou.*

Jean-Baptiste Colbert. St. à genoux. *Coysevox.*

Ch. Le Jay, baron de Tilly. B.

Marie de Beaumarchais, duchesse de la Vieuville. St. à genoux. *Lespingola.*

Fénelon. B. *Coysevox.*

Charles, duc de la Vieuville, pair de France. St. à genoux. *Gilles Guérin.*

Ruyter, amiral général de Hollande. B. *Roland.*

Charlotte de la Trémouille, femme de Henri I de Bourbon, prince de Condé. St. à genoux.

Edouard Colbert, marquis de Villacerf, surintendant des bâtiments du Roi. B. *Desjardins.*

Claude de l'Aubespine, femme de Méry de Barbezière. St. à genoux.

Jean-Baptiste Colbert. B. *Lange.*

A gauche :

Catinat, maréchal de France.
St. *Dejoux.*

P. Séguier, chancelier de France.
B. *Ramus.*

Le duc de Luxembourg, maréchal de France.
St. *Mouchy,*

Charles, bâtard de Valois, duc d'Angoulême. B.

Louis XIV. St. *Lemaire.*

Nicol. de Bellièvre, président à mortier au parlement de Paris. B.

Le grand Condé.
St. *Roland.*

Méri de Barbezière, grand maréchal des logis de la maison du roi. B.

Turenne.
St. *Sajou.*

Charles Bailly. B.

Le cardinal de Richelieu.
St. *Duret.*

Nicol. Brulart, marquis de Sillery, chancelier de France. B.

Le duc de Sully, ministre de Henri IV. St. *Mouchy.*

D'Ormesson, contrôleur-général des finances. B. *Paul Ponce.*

Henri IV. St.

Michel Montaigne.
B. *Bridan fils.*

A droite :

Auguste de Thou, conseiller d'état.
St. à genoux. *Auguier.*

Gaspard de Fieubet, trésorier de l'épargne. B.

Gasparde de la Châtre, deuxième femme d'Auguste de Thou.
St. à genoux. *Auguier,*

Honoré Barentin, seigneur de Charonne-lès-Paris. B.

Le comte d'Harcourt, dit *Cadet la Perle*, grand écuyer de France. B.

Marie de Barbançon, première femme d'Auguste de Thou.
St. à genoux. *Auguier.*

Jacques de Montholon, avocat au parlement de Paris.
B.

Le cardinal de Retz.
St. à genoux.

Hurault, seigneur de Belesbat.
B.

La duchesse de Retz, dame d'honneur de Catherine de Médicis.
St. à genoux. *Prieur.*

Guillaume du Vair, chancelier de France. B.

Albert de Gondi, duc de Retz, maréchal de France.
St. à genoux. *Prieur.*

Dominique de Vic, vice-amiral de France. B.

Catherine de Clèves, duchesse de Guise. St. à genoux.

Pompone de Bellièvre, chancelier de France. B. *Prieur.*

A gauche :	A droite :
Le chevalier Bayard. St. *Bridan père*.	Henri de Guise, le Balafré. St. à genoux.
Thomas d'Elbènne, secrétaire du roi. B.	Jean-Baptiste de Gondi, maître de l'hôtel de Catherine de Médicis. B.
François Ier. St. *Dumont fils*.	La duchesse de Joyeuse, comtesse du Bouchage. St. à genoux.
Gaspard de Coligny, amiral de France. B.	François II de Montholon, garde des sceaux. B.
Gaston de Foix, duc de Nemours, pair de France. St. *Émile Seurre*.	Michel de l'Hospital, chancelier de France. St. à genoux.
Michel de l'Hospital, chancelier de France. B. *Gois père*.	Philippe de Chabot, amiral de France. B. *Biou*.
François Rabelais, curé de Meudon. B. *Gatteaux*.	François Ier de Montholon, chancelier de France. B.
Louis XII. le Père du peuple. St. *Demugiano*.	Béatrix de Bourbon, reine de Bohême. St.
Raphaël, peintre de l'école romaine. B.	Fr. Briçonnet, conseiller à la cour des aides. B.

Galerie de Portraits, depuis 1790 (151-152-153).

Le Roi a intention de former dans l'attique, une double galerie destinée à recevoir les portraits des personnages de nos jours qui se sont distingués dans les arts, les sciences ou la magistrature, depuis 1790 ; mais les salles ne sont pas encore disposées, l'escalier même pour y monter n'est pas fait.

Ce seront là de précieuses archives où la mère, l'épouse et les enfants iront contempler avec un juste orgueil les traits d'un fils, d'un mari, d'un père, à qui sa constante application à des études utiles aura ouvert ce Musée.

PARTIE CENTRALE.

REZ-DE-CHAUSSÉE.

Descendons par l'escalier des Princes (106), pour parcourir dans la partie centrale la longue série des salles du rez de-chaussée où le roi a réuni tous les guerriers célèbres, amiraux, connétables et maréchaux.

Le porche (6), qui unit l'aile du Midi au corps du château, construit par Mansard, a servi quelque temps de salle de comédie.

Vestibule des Amiraux (40).

On trouve dans ce vestibule la statue de Voltaire, par Houpon, et les bustes de Vauban, de Turenne, du Grand-Condé, de Catinat et de d'Alembert.

Salle des Amiraux (41).

Cette salle, autrefois la salle des Gardes des Dauphins, contient les portraits de tous les amiraux de France depuis 1270 jusqu'en 1814. Le titre d'*amiral*, qui semble dériver de l'arabe *amir el*, commandant de mer, fut donné dans l'origine à tous les capitaines de vaisseaux ou galères ; la charge d'amiral était encore si peu considérée en France à la fin du quinzième siècle, que Du Tillet remarque que Louis de Bourbon, comte de Roussillon, créé amiral en 1466, s'assit dans le parlement *aux hauts blancs, l'usage étant que les amiraux ne s'assissent que sur les bas bancs.* Les amiraux n'eurent un grand pouvoir et une juridiction étendue que par l'ordonnance de Louis XIV de l'an 1669, qui leur attribue le droit de donner des commissions pour aller en course, et leur accorde le dixième des prises faites sur mer.

Les amiraux portaient pour marque de dignité une ancre posée en pal derrière l'écu de leurs armes, le jas semé de fleurs de lis.

La plus grande partie de la collection des amiraux appartenait au duc de Penthièvre, dont le père, le comte de Toulouse, fut grand amiral de France.

On est étonné de trouver là un cardinal et une reine : Richelieu, qui, pour abolir la charge d'amiral en 1627, se créa chef et surintendant de la marine ; Anne d'Autriche, qui s'attribua cette surintendance en 1636. Sous Napoléon, Murat, qui ne combattit jamais qu'à la tête de la cavalerie, fut nommé grand amiral. Le duc d'Angoulême eut ce titre sous Louis XVIII.

Cette longue suite de portraits, depuis Florent de Varennes jusqu'au duc de Penthièvre, comprend beaucoup de noms que l'on n'a retrouvés que sur des chartes ou des diplômes ; mais il en est aussi qui ont acquis une juste célébrité et laissé de glorieux souvenirs ; ils ont fait respecter sur les mers le pavillon français, pendant que d'habiles généraux forçaient les ennemis à s'humilier devant notre drapeau.

Mathieu IV de Montmorency et Jean II de Harcourt, en 1295, abordèrent en Angleterre, incendièrent la ville de Douvres; et l'Angleterre craignit un instant de retrouver dans Philippe-le-Bel un nouveau Guillaume-le-Conquérant.

Raynier de Grimaut ou Grimaldi, en 1304, remporta contre Guy de Flandre une victoire complète; les deux flottes furent en présence sur les côtes de Zélande, à la hauteur de l'île de Shaven. « Les Français allèrent à l'abordage, comme *des cavaliers au galop* », dit Villani; le vaisseau amiral ennemi fut pris, et la flotte, de quatre-vingts vaisseaux, coulée à fond ou dispersée.

En 1451, Jean de Beuil, à la tête d'une flotte nombreuse, s'empara de plusieurs places de la Guyenne, et signala son courage à la bataille de Castillon, en Périgord.

En 1470, Louis de Bourbon arma avec activité la flotte, qui, montée par Warwick, *le faiseur de rois*, devait détrôner Édouard, délivrer Henri VI de la tour de Londres, et le replacer sur le trône, d'où ce même Warwick l'avait fait descendre cinq ans auparavant.

Claude d'Annebaut, en 1545, battit trois fois la flotte anglaise, forte de sa position entre l'île de Wight et Portsmouth.

Armand de Maillé, duc de Fronsac, grand-maître de la navigation à l'âge de vingt-quatre ans, en 1645, dut cette insigne faveur autant à son mérite qu'à la protection de son oncle, le tout-puissant Richelieu. En 1640, commandant une flotte sur l'Océan, il avait battu les Espagnols à l'entrée du port de Cadix; plus tard il défit, après deux jours de combat, la flotte espagnole qui venait au secours de Perpignan, et en 1644 il força une flotte qui voulait jeter du secours dans le port de Roses, à se retirer à Carthagène.

En 1655, César de Vendôme défit la flotte espagnole à la hauteur de Barcelone.

Le duc de Beaufort, grand-maître de la marine en 1663, humilia par des succès multipliés l'orgueil des corsaires algériens.

En 1704, le comte de Toulouse rencontra à la hauteur de Malaga la flotte anglaise qui venait de prendre Gibraltar. Le combat fut vif et acharné; il dura dix heures; enfin la victoire resta aux Français. Les Anglais, dont presque tous les vaisseaux furent criblés, perdirent plus de trois mille hommes.

Salle des Connétables (42).

La France, depuis Albéric jusqu'à Lesdiguières, compte trente-neuf connétables ou chefs suprêmes de l'armée.

Avant Philippe de Valois, les connétables ne servaient que par une commission, qui finissait avec la guerre. Raoul de Brienne, comte d'Eu, obtint le premier que sa charge serait à vie, et il fut déclaré le premier officier de la couronne.

Les connétables recevaient l'investiture par l'épée que le roi remettait dans leurs mains. Précédés d'une bannière, ils ne reconnaissaient de supérieurs que le roi ; ils étaient juges de tout en temps de guerre. Excepté l'or et les prisonniers, le butin leur appartenait. Aussi les rois, jaloux de leur autorité, cherchèrent à anéantir une charge dont les pouvoirs étaient si étendus. Louis XI ne la remplit que malgré lui ; Louis XII la laissa vaquer ; François Ier se repentit de l'avoir donnée deux fois ; et Montmorency Damville l'arracha, pour ainsi dire, à Henri IV. De Luynes ne l'obtint que par un excès de faveur ; on ne l'accorda à Lesdiguières que pour honorer ses derniers jours. La charge de connétable fut supprimée après sa mort. Louis XIV ne voulut pas faire revivre, même pour Turenne, cette charge trop importante ; Napoléon la rétablit pour son frère Louis ; mais, comme l'amirauté pour Murat, ce ne fut qu'un stérile honneur.

Quels noms on lit sur ces écussons ! De quels hommes on a le portrait sous les yeux ! Il faudrait des volumes pour indiquer seulement les batailles gagnées par leur valeur, les villes prises par leur habileté, et nous ne pouvons leur consacrer que quelques lignes.

Ce sont des Montmorency dont le nom se rattache à toutes les gloires de la France. — Gilles le Brun de Trasignies, à qui saint Louis donna *la connestablie de France, pour la grant renommée qu'il oyt dire de lui, de craindre et aimer Dieu.* — Humbert de Beaujeu, qui, à la bataille de la Massoure, renouvela le prodige d'Horatius Coclès, et défendit seul la tête d'un pont contre une nuée d'infidèles. — Raoul de Clermont, qui délivra la Guyenne de la domination des Anglais. — Gaucher de Chastillon, dont la bravoure convertit en une victoire éclatante la défaite que redoutèrent un instant les Français à Mons-en-Puelle. — Raoul de Brienne, qui forca Édouard, roi d'Angleterre, à s'éloigner enfin de Tournay, après l'avoir assiégé dix mois avec 120,000 hommes. — Robert de Fiennes, qui fut pour Charles-le-Mauvais un adversaire redoutable. — Bertrand Duguesclin, qui salua par la victoire de Cocherel l'avénement de Charles V au trône de France, et qui toujours et partout employa pour la gloire de la France l'épée qu'il avait reçue de son roi ; Bertrand, que les ennemis mêmes appelaient *le bon connétable*, à qui la princesse de Galles offrit pour dessert 30,000 florins d'or pour lui aider à payer sa rançon; Bertrand, à la mort duquel chacun s'écria avec un chroniqueur de 1383 : *Hellas! que grant domaige, et que la couronne de Franche y perdi!* — Olivier de Clisson, le frère d'armes de Bertrand, que l'on vit en toute occasion ouvrir les rangs à coups de sabre, et se faire jour à travers les bataillons les plus serrés ; Olivier, qui, institué par le duc de Bretagne mourant tuteur de ses enfants, résista noblement aux sollicitations de son gendre et de sa fille, avides de la couronne ducale de Bretagne. Leurs criminelles instances indignèrent le vieux connétable à tel point que, se jetant sur un épieu qui était à la tête de son lit, il aurait tué sa fille, si une fuite précipitée ne l'avait soustraite à son courroux. En 1401, Olivier de Clisson assista au couronnement du fils du duc de Bretagne, et l'arma chevalier.—Louis de Sancerre, autre frère d'armes de Bertrand du Guesclin, aussi dévoué que lui à la France. — Arthus de Richemont, que rien ne détourna de la fidélité qu'il avait jurée à son roi, ni les promesses de ses ennemis, ni l'injustice même de Charles VII à son égard. — —Charles de Bourbon, dont les éclatants services ont été si mal récompensés, et qui aima mieux être Coriolan que Camille. — Anne de Montmorency, aussi grand, aussi noble dans ses disgrâces que dans la plus haute faveur. — Henri de Montmorency, qui fut *aimé de toutes les dames.* — Enfin, le dernier des connétables, François de Bonne de Lesdiguières, renommé par soixante ans de combats toujours heureux. « S'il y avait deux Lesdiguières en Europe, disait la célèbre reine d'Angleterre, Élisabeth, je ferais tout pour en attirer un en Angleterre. »

Salles des Maréchaux (de 43 à 49).

Le roi Louis-Philippe a fait disparaître à grands frais des dispositions intérieures qui ne permettaient pas de donner au local qu'il voulait consacrer à la réunion des portraits ou des écussons des maréchaux de France l'éclat et la dignité que réclamait une si belle pensée. Depuis 1185 jusqu'à nos jours, environ trois cents maréchaux de France ont été créés, et cette noble série, rangée par ordre chronologique, occupe quatorze salles. Les gloires anciennes et les illustrations modernes sont là réunies. Honneur à la patrie qui a enfanté tant de héros! Reconnaissance au prince éclairé qui, dans ce grand nombre de portraits, nous a rendu, sinon toujours les traits, au moins les costumes de tant de guerriers célèbres !

On distingue, dans la salle (43), ce Jean-le-Meingre II de Boucicaut, que l'on a déjà vu gagner ses éperons de chevalier à la bataille de Rosebecq. — Lohéac, qui se trouva à presque tous les combats livrés sous Charles VII et sous Louis XI. — Potron de Xaintrailles, qui soutint par sa bravoure l'ardeur que Jeanne d'Arc inspira aux Français. — Gié, si brave à Fornoue. — Desquerde, *aussi bon moyenneur de bons accords*, dit Belleforest, que sage et vaillant à la guerre. — Le brave Trivulce, qui ne connut jamais le repos. — Lautrec, le preneur de villes. — Chabannes de la Palice, appelé par les Espagnols le capitaine de beaucoup de guerres et de victoires, le grand maréchal de France. —Lescun, *plus brave et vaillant que sage et de conduite*, a dit Brantôme. — La Mark, intrépide défenseur de Péronne. — Claude d'Annebaut, maréchal aussi vaillant et aussi expérimenté qu'il s'était montré grand amiral.

Dans la salle (44), ce sont des noms tout aussi célèbres.

François de Montmorency, appelé le dernier des Français et le père de la patrie. — Armand de Biron, fier de sept blessures qui attestaient sa bravoure dans sept batailles. — Le duc de Bouillon, grand de courage et d'entendement. — Charles de Biron, qu'Henri IV présentait avec confiance à ses ennemis; alors il était fidèle ! — Brissac, gouverneur de Paris. — Créquy, vainqueur des Espagnols au passage du Tésin. — Caumont de la

Force, à qui son père *donna la vie une seconde fois.*
— Bassompierre, plus connu par son luxe et ses galanteries que par ses exploits. — Henri II de Montmorency, dont Louis XIII, suivant le P. Arnout, fit un grand exemple sur la terre, et Dieu un grand saint dans le ciel. — Toiras, le libérateur de l'Italie. — L'immortel Sully, appelé *le négatif* par les courtisans dont il ne voulut pas satisfaire la cupidité aux dépens du peuple. — Charles de Schomberg, qui fut vice-roi de Catalogne.

Plus loin, dans la salle (45), on trouve :

La Meilleraie, le preneur de villes, créé maréchal sur la brèche de Hesdin. — Guébriant, le héros d'Ordlingen : le duc de Weimar lui légua son cheval de bataille, le fameux Rapp ; Bannier lui légua son épée. — François de L'Hôpital, gouverneur de Paris. — Ce maréchal d'une taille médiocre et bien proportionnée, au visage régulier, dont les cheveux sont châtains, les yeux grands, les sourcils épais et presque joints, le front large et la tête un peu penchée, dont l'air modeste, serein et rêveur, renferme le mélange du sévère et du gracieux, c'est *Turenne,* Turenne la terreur de l'Empire et de l'Espagne, l'amour des soldats, l'admiration de toute l'Europe; son nom rappelle quarante-sept ans de combats, de siéges et de victoires. — Jean de Gassion, élève du grand Gustave-Adolphe. — César de Plessis-Praslin, le vainqueur de Réthel.

La salle (46) ne contient qu'un portrait, celui du vaillant Josias de Rantzau, qui perdit un œil à Dôle, une jambe et un bras à Arras, etc.; ce qui donna lieu à l'épitaphe gravée sur son tombeau dans l'abbaye des Bons-Hommes de Passy :

> Du corps du grand Rantzau tu n'as qu'une des parts ;
> L'autre moitié resta dans les plaines de Mars.
> Il dissipa partout ses membres et sa gloire ;
> Tout abattu qu'il fut, il demeura vainqueur.
> Son sang fut en cent lieux le prix de sa victoire ;
> Et Mars ne lui laissa rien d'entier que le cœur.

Dans la salle (47) on trouve Villeroi, qui seconda si bien les intentions de Richelieu à Pignerol. — Jacques d'Étampes, brave officier, mais négociateur peu habile. — Clérembault, que madame Cornuel regretta de voir s'éloigner d'elle, au moment où elle commençait à l'entendre. — César d'Albret, célébré par Saint-Évremont et Scarron. — Fabert, qui refusa de souiller son ame d'une imposture, pour décorer son manteau d'une croix.

Plus loin, dans la salle (48), on s'arrête avec intérêt devant Jacques de Castelnau, qui seconda si bien Turenne à la bataille des Dunes. — François de Créquy, que Voltaire a représenté aussi dangereux à sa patrie par sa hauteur qu'aux ennemis par sa vaillance. — D'Humières, qui commanda l'aile droite à Cassel. — Schomberg, dont les services étaient bien *catholiques*. — Luxembourg, le vainqueur de Fleurus, de Steinkerque et de Nervinde, le *tapissier* de Notre-Dame. — De Lorges, élève et neveu de Turenne ; Saint-Simon l'a appelé la vérité, la candeur même. — François de Villeroi, gouverneur de Louis XV. — Boufflers, que le roi Guillaume estimait plus que 10,000 hommes ; madame de Maintenon a dit qu'*en lui le cœur est mort le dernier*. — Tourville, qui, vaincu par le vent à la Hogue, prit amplement sa revanche entre Lagos et Cadix. — D'Estrées, maréchal de Cœuvres, qui força Papachin et Torrington à saluer le pavillon français.

On trouve dans la salle (49) Jules de Noailles, dont les exploits remplissent onze années des Annales du Roussillon. — Catinat, appelé par Louis XIV *la vertu couronnée*, et par ses soldats, *le père la Pensée*. — Villars, qui, jeune, semblait sortir de terre, dès qu'on tirait à quelque endroit ; qui, à Denain,

Disputa le tonnerre à l'aigle des Césars.

— Chamilly, gros et grand homme, dit Saint-Simon, le meilleur, le plus brave et le plus rempli d'honneur. — Vauban, le génie de la fortification. *Ses oisivetés*, a dit Fontenelle, *seraient plus utiles encore que ses travaux, si on les pouvait mettre à exécution*. — Montrevel, qui mourut... de la frayeur qu'il éprouva à la vue d'une salière renversée sur lui. — Henri d'Harcourt, aussi habile négociateur que brave capitaine. — Berwick, le vainqueur d'Almanza.

Avant de passer dans la galerie de Louis XIII (50), on peut visiter, en traversant la salle (29), dont nous parlerons bientôt, les salles 50, 51, 52 et 53, dites salles de *Résidences royales*.

On remarquera dans la salle (50) le château du Grand-Trianon, peint en 1705, par Martin. — De Vincennes, vers 1669. — De Versailles, vers 1669, par

Vander-Meulen. — De Clagny, en 1778. — De Saint-Cloud, vers 1715. — De Versailles, en 1722, par Martin (côté de la cour). — De Madrid, en 1724. De Saint-Hubert, en 1722. — De Marly, en 1722. — De Fontainebleau, en 1722, tous trois par Martin.

Diverses parties des jardins de Versailles, tels qu'ils étaient en 1690, par Cottel.

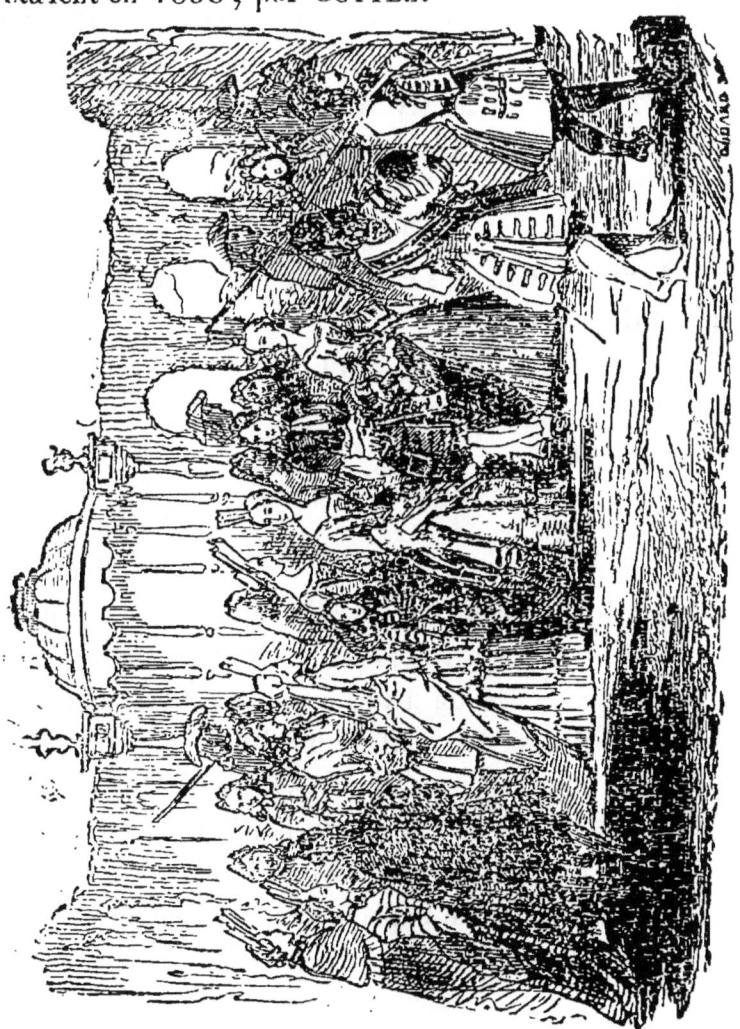

Promenade de la duchesse de Bourgogne dans les jardins de Versailles.

Dans la salle (31), le château et diverses parties des jardins de Versailles, à la fin du dix-septième siècle, par MARTIN et ALLEGRAIN.

Dans la salle (32), le château de Vincennes. — De Saint-Germain. — Du Grand-Trianon, avec sa magnifique cascade. — De Marly, et diverses vues des jardins de Versailles, vers 1724, par *Martin*.

Enfin, dans la salle (33), un projet pour le Pont-Neuf, vers 1585. — Les Tuileries, en 1620 et en 1785. — La Machine de Marly, en 1686. — Le Carrousel. donné par Louis XIV, le 5 juin 1662. — La statue de Henri IV sur le Pont-Neuf, vers 1670. — Le Château de Pau. — Le Petit-Châtelet et le Pont-au-Change, vers 1786. — Diverses parties des jardins de Versailles, en 1690, par COTTEL.

Revenant vers la galerie de Louis XIII, on s'arrêtera dans la salle (29).

Salle des Rois de France (29).

Là étaient, sous Louis XIV, plusieurs pièces faisant partie de l'appartement du grand maître de la garde-robe. Marie-Antoinette y fit disposer un petit salon et une salle de bains. « Là, dit madame de Campan, elle se baignait vêtue d'une longue robe de flanelle boutonnée jusqu'au cou, et, tandis que ses deux baigneuses l'aidaient à sortir du bain, elle exigeait que l'on tînt devant elle un drap assez élevé pour empêcher ses femmes mêmes de l'apercevoir. Cependant un abbé Soulavie a osé écrire que la reine était d'une effroyable inconduite; qu'elle se baignait nue, et qu'elle avait reçu dans cet état un ecclésiastique vénérable. Quel châtiment ne devrait-on pas infliger à des libellistes qui osent vouloir donner à leurs perfides mensonges le caractère de mémoires historiques! » Qui pourrait ne pas partager l'indignation de madame de Campan!

Le roi, par des travaux sagement entendus, a fait ouvrir là une vaste salle où il a réuni les portraits des soixante et onze rois de France.

Ici, comme dans la plupart des histoires, Pharamond ouvre cette longue série; mais ceux de nos rois devant lesquels on s'arrête avec le plus d'intérêt sont:

Clovis, l'heureux vainqueur de Tolbiac, qui appela le christianisme à civiliser l'empire fondé par ses conquêtes; portrait de DÉJUINE. — Dagobert, qui favorisa les lettres et les arts, et fonda l'abbaye de Saint-Denis. — Charlemagne, dont la main puissante releva l'empire d'Occident, qui s'immortalisa par d'éclatants triomphes et dota la France de sages capitulaires; AMIEL. — Eudes, pour lequel sa glorieuse défense de Paris contre les Normands fit oublier pendant quelques années que Charles-le-Gros avait laissé un fils. — Hugues-Capet, dont neuf siècles ont légitimé l'usurpation; STEUBEN. — Louis-le-Gros qui, par l'affranchissement des communes, donna à la couronne l'appui des masses; BLONDEL. — Louis VII, son fils, dont le règne eût été plus heureux pour la France, s'il avait préféré les conseils de Suger à l'autorité imposante de l'abbé de Clairvaux; DECAISNE. — Philippe, surnommé Auguste dans les plaines de Bouvines; AMIEL. — Saint Louis, dont la piété ferme sut réprimer l'ambition du clergé; DE CREUSE. — Charles V, qui sans sortir de son cabinet fit passer de bien mauvaises nuits au roi d'Angleterre; DÉJUINE. — Charles VII, déshérité par une marâtre, rétabli sur son trône par les nobles exhortations d'Agnès Sorel et la valeur de Jeanne d'Arc; LEHMANN. — Louis XI, roi aussi habile qu'homme cruel; THÉVENIN. —Louis XII, honoré du titre glorieux de *Père du Peuple;* BRUNE. — François Ier, le restaurateur des lettres; mademoiselle CLOTILDE GÉRARD. —Henri IV, dont un assassin trancha les jours au moment où, affermi sur le trône qu'il avait su conquérir, il allait travailler avec plus de succès que jamais à réaliser les grands projets de Sully; madame LÉOMÉNIL. — Louis XIII, qui eut le mérite de reconnaître l'immense supériorité de son ministre; LESTANG. — Louis XIV, dont la protection éclairée fit surgir cent

Louis quatorze.

génies, qui, sous un autre règne, seraient peut-être restés ignorés ! RIGAUD. — Louis XVI, cette tache de ang si horrible et si touchante dans notre histoire ! CALLET. — Napoléon, ce soldat heureux, au cœur

Napoléon.

si français ! ROBERT LEFEBVRE. — Louis XVIII, l'auteur de la Charte; FRANQUE d'après GÉRARD. — Charles X, à qui la prise glorieuse d'Alger semblait assurer la gloire et le repos ; FRANQUE. — Louis-Philippe enfin, le restaurateur ds Versailles, le sauveur de ces nobles ruines, l'hôte courageux et désintéressé de toutes les gloires de la France, qui a sauvé, qui a fini le palais que Louis XIV avait élevé.

Vestibule de Louis XIII (28).

Ce vestibule sépare les salles des tableaux-plans de la salle des Rois de France. Entre les colonnes sont placées les statues de Bossuet et de Fénélon, de l'Hôpital et de d'Aguesseau, l'honneur de l'épiscopat et de la magistrature.

La première est de Pajou, la deuxième de Lecomte, et la quatrième de Berruer.

Avant d'entrer dans la galerie de Louis XIII (50), on pourra visiter les salles des tableaux-plans et les salles des marines.

Salle des Tableaux-Plans (27).

On trouve dans cette salle, la seule terminée, neuf tableaux commandés par le cardinal de Richelieu pour son château de Richelieu; ils représentent : — La Levée du siége de l'île de Rhée, en 1627. — La Prise de La Rochelle, en 1628. — Le Combat du Pas de Suze, en 1629. — La Prise de Casal. — Le Siége de Privas. — La Prise de Nîmes et de Montauban, la même année. — La Prise de Pignerol et le Combat de Veillane, en 1630.

Salles des Marines (26, 25 et 24).

Ces diverses salles, distribuées tout différemment sous Louis XIV, divisées par Louis XV en une foule de petits cabinets, ont été disposées pour recevoir des tableaux de marine dus aux pinceaux de Gudin, de Langlois, de Gilbert et d'autres artistes distingués.

Parmi les batailles que la France a gagnées sur mer, on remarque surtout celle de Malaga et les combats où les d'Estaing, les de Grasse, même après le règne désastreux de Louis XV, ont fait honneur au *pavillon français*. — Le combat d'Algésiras, dans la baie de Gibraltar, où le contre-amiral Linois s'est couvert de gloire. — La lutte glorieuse du vice-amiral Rosamel contre deux frégates anglaises. — La bataille de Navarin, qui a rendu la liberté à l'ancienne patrie des Thémistocle et des Miltiade. — La prise d'Alger, où les efforts réunis du maréchal Bourmont et de l'amiral Duperré ont achevé en quelques jours l'œuvre qu'avaient tentée en vain Charles-Quint et Louis XIV.

Revenons sur nos pas pour visiter la galerie (50).

Galerie de Louis XIII (50).

Malgré l'opinion hasardée de beaucoup d'écrivains, il est constant que cette galerie ne fit point partie du château de Louis XIII. Là régnait alors le fossé; le château n'avait de largeur que la largeur du vestibule (28). Cette galerie fut créée par Mansard; plus tard Louis XV la convertit en petits appartements. Le roi l'a heureusement rendue à son état primitif.

On y remarque les statues de Louis XIII et d'Anne d'Autriche. Les panneaux sont remplis par des sujets historiques retraçant divers événements des règnes de Louis XIII et de Louis XIV. Parmi les grands tableaux, on distingue la bataille de Rocroy, par Schnetz. — Un tableau de Ziegler d'après Le Brun, représentant la réparation de l'insulte faite par les Corses à l'ambassadeur de France à Rome. — L'entrée de Louis XIV dans Dunkerque, d'après Vander-Meulen et Le Brun. — L'entrevue de ce jeune roi et de Philippe IV dans l'île des Faisans, où quelques jours auparavant Anne d'Autriche, à la vue de son frère dont elle était séparée depuis longtemps, s'était jetée affectueusement dans ses bras; mais Philippe, qui, en cédant à l'élan de la nature, aurait cru déroger à la gravité espagnole, avait répondu par un visage sévère à la tendresse de sa sœur. — Mazarin présentant Colbert à Louis XIV en 1661. — La reddition de la citadelle de Cambrai, par Mauzaisse d'après Vander-Meulen.

Salle des Maréchaux (De 51 à 56).

La série des maréchaux recommence à la salle (51); nous sommes au siècle de Louis XV. Remarquons Médavy, qui se signala à Stafarde et à Marseille. — Puységur, en qui le frondeur Saint-Simon a été forcé de reconnaître une capacité supérieure, une simplicité et une modestie qui ne se démentirent jamais, une grande équité, un cœur et un esprit citoyens. — D'Asfeld, qui joignit à ses armes celles du royaume de Valence, qu'il soumit à Philippe V, et qui refusa d'aller combattre son bienfaiteur. — Adrien Maurice de Noailles, grand capitaine, mais trop souvent faible courtisan. — Coigny, le vainqueur de Guastalla. — Maillebois, si brave au combat de San-Lazaro. — Belle-Isle, grand et maigre, qui trouva dans son violent amour de la gloire la force que lui refusait souvent la faiblesse de son corps. — Honneur au maréchal de Saxe, le vainqueur de Fontenoy, de Rocoux et de Laufeldt! nouveau Turenne, il causa aux rois ligués contre nous des déplaisirs mortels. — Lowendal, le vainqueur de l'invincible garnison de Berg-op-Zoom, qui ne laissa à sa mort que des lauriers et des dettes.

On trouve, dans la salle (52), le maréchal de Richelieu, l'Alcibiade français. — Louis-Antoine de Biron, qui, à Fontenoy, eut trois chevaux tués sous lui et deux blessés. — Louis-César d'Estrées, le vainqueur d'Hastembeck. — Soubise, *l'ami du cœur de Louis XV*, qui, seul de tous les grands, accompagna le corps de ce monarque à Saint-Denis. Il eut

> Une main, pour les malheureux,
> A s'ouvrir toujours prête.

— Victor de Broglie, qui dut, au souvenir de sa victoire de Berghem, de n'être point condamné par le tribunal révolutionnaire. — Du Muy, le censeur et l'ami de son maître (Louis XVI). — Castries, le vainqueur de Clostercamp. Aux jours d'exil, nouveau Coriolan, il alla chercher un asile chez le duc de Brunswick. — Philippe de Ségur, qui, près de Minden, lutta pendant cinq heures contre 30,000 ennemis avec 10,000 hommes, que le duc de Brissac avait cru perdus.

Plus loin, dans la salle (53), ce sont : Devaux, aussi

désintéressé qu'habile. — Lukner, qui eut le cœur plus français que l'accent. — Rochambeau, le compagnon de gloire de Washington. — Alex. Berthier, prince de Neufchâtel et de Wagram.

Dans les deux salles suivantes (54 et 55), on voit tous ces maréchaux de l'Empire qui, comme l'empereur, se sont élevés à mesure qu'ils marchaient de victoire en victoire. C'est Murat, qui s'assit sur le trône de Naples. — Moncey, duc de Conégliano, qui s'est couvert de gloire dans la campagne d'Espagne. — Jourdan, le vainqueur de Fleurus. — Masséna, duc de Rivoli, le favori de la victoire. — Augereau, duc de Castiglione, sublime au pont d'Arcole. — Bernadotte, qui, de grade en grade, *a passé* roi de Suède.

Bernadotte.

— Soult, que Masséna donna à l'Empereur comme un homme de tête et de cœur, au-dessus des forces duquel il ne connaissait rien. — Brune, qui, en Suisse, atta-

Brune.   Ney.

cha au nom français de nouveaux rayons de gloire. — Lannes, duc de Montébello, *pygmée* quand Napoléon le vit d'abord à Millésimo, *géant* quand il le perdit à Essling. — Mortier, duc de Trévise, le vainqueur d'Ocana. — Ney, duc d'Elchingen, prince de la Moskowa, l'infatigable, le brave des braves. — Davoust, nommé duc d'Auërstaedt et prince d'Ekmuhl, sur le champ de bataille. — Bessières, duc d'Istries. — Kellermann, duc de Valmy.

Jourdan.   Kellerman.

Dans la salle (55) :

Lefebvre, qui, à Dantzick, disait aux officiers qui voulaient lui faire un rempart de leurs corps : « Non, non ; et moi aussi je veux combattre ! » — Pérignon, le vainqueur de Roses. — Serrurier, qui fut gouverneur des Invalides. — Victor, duc de Bellune, créé maréchal sur le champ de bataille de Friedland. — Oudinot, duc de Reggio, qui, sur les bords du Danube, arracha des mains d'un canonnier une mèche allumée et fit prisonniers les nombreux bataillons ennemis chargés de défendre le pont. — Macdonald, duc de Tarente, créé maréchal sur le champ de bataille de Wagram. — Suchet, duc d'Albuféra, qui s'est immortalisé en Espagne. — Gouvion Saint-Cyr, le vainqueur de Fribourg. — Poniatowski, dont les flots de l'Èbre ont englouti la brillante carrière. — De Coigny, dont Louis XVIII récompensa la fidélité. — Beurnonville, qui eut l'honneur d'être échangé avec ses compagnons contre la fille de Louis XVI. — Clarke, duc de Feltre. — Les marquis de Vioménil et de Lauriston, en qui Louis XVIII récompensa une carrière honorable et utile à la France.

Dans la salle (56) : Molitor, Maison, l'amiral Duperré, Gérard, Clausel, Lobau, l'amiral Truguet et le marquis de Grouchy, à qui le bâton de maréchal ou le titre d'amiral a été accordé par Charles X ou par Louis-Philippe.

Salles des Guerriers célèbres (57 et 58).

Ces deux pièces, qui firent peut-être partie de l'appartement de madame Montespan, furent plus tard décorées avec la plus rare élégance pour madame de Pompadour. Aujourd'hui aux favorites des rois ont succédé dans ces beaux lieux les favoris de Mars, et nous y retrouvons les images de tous les guerriers qui, sans avoir été amiraux, connétables ou maréchaux, ont cependant commandé des armées avec gloire.

Thibault de Champagne, surnommé le Tricheur, qui, suivant maître Vace,

<blockquote>
Chevalier fu mout preuz, et mout chevalerous
Mez mout per fu cruel et mout fut envious.
</blockquote>

— Louis Ier, duc de Bourbon, qui se signala aux batailles de Mons-en-Puelle et du Mont-Cassel. — Philippe de France, duc de Bourgogne, qui gagna le surnom de *Hardi* à la malheureuse bataille de Poitiers. — Louis de France, duc d'Orléans, si vaillant à Rosebecq. — Louis II de Bourbon, honoré du surnom de *le Bon*. — Jean-sans-Peur, duc de Bourgogne, si vaillant et si malheureux à Nicopolis, alors qu'il n'était encore que comte de Nevers. — Mais une femme frappe nos regards; la douceur de ses traits révèle son sexe, que cache une pesante armure; honneur à l'héroïne qui fit lever le siége d'Orléans, et qui inspira aux Français un noble enthousiasme pour secouer le joug de l'étranger! Honneur à Jeanne d'Arc! — A côté d'elle, ici comme dans les combats, est le beau Lahire. — Plus loin, Tanneguy du Châtel, qui vengea au pont de Montereau l'assassinat du duc d'Orléans. — Dunois, le victorieux et le triomphateur. — François de Bourbon, comte de

Vendôme, si brave à Fornoue. — Gilbert de Bourbon, comte de Montpensier, qui fut vice-roi de Naples. — — Louis d'Armagnac, duc de Nemours, tué à Cérignolle. — Pierre d'Aubusson, grand-maître de l'ordre de Saint-Jean-de-Jérusalem. — Louis de Luxembourg, comte de Ligny, grand-chambellan de France. — Gaston de Foix, duc de Nemours, qui fut enseveli dans son triomphe à Ravenne. — Louis de Bourbon, tige des princes de la Roche-sur-Yon. — Bayard, le chevalier sans peur et sans reproche. — Louis II de la Trémouille, appelé le chevalier sans reproche, le premier capitaine du monde, la gloire de son siècle et l'ornement de la monarchie française. — Philippe de Villers, de l'Ile-Adam, immortalisé par la défense de Rhodes. — Charles de Bourbon, duc de Vendôme, qui gagna ses éperons de chevalier à Agnadel. — Claude de Lorraine, duc de Guise, qui, à la bataille de Marignan, fut tiré de la foule des morts tout couvert de plaies. — François de Lorraine, fils aîné de Claude, plus célèbre que son père. Il borna à Metz l'orgueil *plus oultre* de Charles-Quint, et ses ennemis, sauvés par sa générosité, célébrèrent sa victoire. Il a été appelé *le conservateur de la patrie*. — Jean Parisot de la Valette, plus heureux à Malte que ne l'avait été Villers de l'Ile-Adam à Rhodes. — Jean d'Estrées, seigneur de Cœuvres, qui perfectionna l'artillerie. — Henri de Lorraine, qui aurait peut-être ceint la couronne de France, sans la catastrophe de Blois. — Jacques de Lorges-Montgommery, qui se distingua dans toutes les guerres de François Ier. — François de la Noue, grand homme de guerre et plus grand homme de bien; il a dû son surnom à un bras de fer, par lequel il remplaça son bras gauche, perdu au siége de Fontenay. — Crillon, le brave des braves, l'ami de Henri IV. — Thomas François de Savoie, prince de Carignan, grand-maître de France et général des armées de Louis XIV en Italie.

On remarque dans la salle (58):

Le Grand-Condé, le vainqueur de Lens, de Senef, etc. — Abraham Duquesne, excepté seul de l'ordonnance qui bannit tous les protestants. Le fameux Jean Bart et Duguay-Trouin; tous trois l'honneur de la marine française. — Chevert, dont l'épitaphe portait: « Le titre de maréchal de France a manqué, non pas à sa gloire, mais à l'exemple de ceux qui le prendraient pour modèle. » — Le bailli de Suffren, qu'un puissant roi d'Asie vint, de quarante lieues, avec une armée de 80,000 hommes, féliciter sur sa victoire de Goudelour. — La Fayette, ami de la liberté autant qu'ennemi de la licence. — Biron, Custines, qui ne s'attendaient pas à mourir sur l'échafaud! — Dumouriez, qui a acquis tant de gloire dans sa campagne de l'Argonne. — Dampierre, qui fut assez heureux pour mourir au champ d'honneur! — Houchard, que la victoire de Hondshote n'a pas sauvé de l'échafaud. — Dugommier, aussi célèbre par son humanité que par son courage au siége de Toulon. — Aubert du Bayet, auquel la Vendée dut un moment de calme. — Marceau, « dont la vie fut glorieuse, courte, immortelle », a dit lord Byron. Il fut magnanime, et ses ennemis on pleuré son trépas. — Joubert, qui partout seconda bravement le général Bonaparte. — Jean Étienne, qui rendit illustre le surnom de Championnet (*Petit Champignon*), par lequel on avait fait allusion à sa naissance. — Hoche, le vengeur de Neuwied. — Kléber, si brave à

l'attaque d'Alexandrie, à la bataille du Mont-Thabor, dans les plaines de la Koubeh ; ennemie des violences, il n'entacha d'aucun excès sa noble carrière. — Desaix, appelé *le Sultan juste* par les Mahométans, enseveli dans le triomphe des armées françaises à Marengo. — Leclerc, que Bonaparte appela *son bras droit*. — Hatry, qui contribua puissamment aux victoires de Fleurus et de Sombreff. — Pichegru, le conquérant de la Hollande; il fut, malgré lui, le troisième tome de La Fayette et de Dumouriez. — Lasalle, qui ne voulut devoir son avancement qu'à son mérite. Il mourut à Wagram avant que la victoire fût déclarée pour nos armes. — Moreau, le vainqueur de Hohenlinden, le chef d'une école de guerre qui assure au vainqueur une longue supériorité, laisse au vaincu les chances d'un favorable retour de la fortune. — Junot, qui s'éleva par son mérite au grade de général en chef, et fut créé duc d'Abrantès. — La Touche-Tréville, brave vice-amiral, qui mourut, comme il l'avait souhaité, sous le pavillon de son vaisseau. — Lecourbe, ami aussi dévoué que vaillant capitaine. — Rapt, l'intrépide défenseur de Dantzick. Il avait conservé avec Napoléon sa franchise germanique; la présence de Louis XVIII ne l'empêcha pas de donner des larmes à la mémoire de l'empereur qu'il avait servi avec gloire. — Le brave vice-amiral Villaret de Joyeuse. — Reynier, qui, de simple canonnier, passa successivement lieutenant-général. — Eugène de Beauharnais, le fils adoptif de Napoléon, digne toujours de cette adoption, toujours supérieur aux dignités dont l'Empereur se plut à le combler. — Enfin, le comte d'Hédouville, qui eut la gloire de terminer en Vendée les hostilités par des négociations amicales.

Vestibule de Louis XV (de 20 à 23).

Le vestibule de Louis XV aura pour ornements les bustes de plusieurs personnages célèbres qui ont vécu sous le règne de ce prince, tels que Soufflot, célèbre architecte ; les comtes de Valbelle et de Montmorin-Saint-Hérem ; le marquis de Courtenvaux et le célèbre Buffon, le Pline français, bien supérieur au naturaliste latin.

On remarque déjà dans le vestibule (19) deux statues de Coustou, celle de Louis XV en Jupiter et celle de Marie Lekzinska en Junon. Le buste de Louis d'Orléans, fils du Régent, est de Crevent.

Dans le vestibule (18), on voit la statue de Henri IV, par Raggi, et la statue à genoux de Catherine de Médicis.

PARTIE CENTRALE.

PREMIER ÉTAGE.

Bientôt un bel escalier à double rampe, que le roi fait construire dans l'aile Gabriel, conduira à la Salle des Croisades.

Salle des Croisades (128).

Le roi va réunir dans cette pièce plusieurs tableaux relatifs aux croisades. On y retrouvera, avec un sentiment de respect, ces illustres guerriers qui se précipitèrent, à la voix d'un simple moine, sur l'Asie infidèle. Les Robert Guiscart, les Roger, les Coucy, les Godefroy de Bouillon, les Baudouin, et tant d'autres héros célèbres par leur courage, immortalisés par le génie du Tasse; Louis VII, Philippe-Auguste, saint Louis et Philippe-le-Hardi, qui rapporta en France les restes de son père, mort aux lieux où fut Carthage, marchèrent à la tête des Français dans ces guerres dont le motif fut sans doute respectable, mais l'issue trop souvent funeste.

Cette salle doit contenir les vingt-deux tableaux suivants:

21. Levée du siége de Salerne (l'an mil).
22. Bataille de Civitella, dans le royaume de Naples (1053).
23. Combat de Céramo (1061).
24. Henri de Bourgogne reçoit l'investiture du comté de Portugal (1094).
25. Prédication de la première croisade à Clermont (1095).
26. Adoption de Godefroi de Bouillon par l'empereur Alexis de Comnène (1097).
27. Bataille sous les murs de Nicée.
28. Prise d'Antioche par les Croisés.
29. Prise de Jérusalem (1099).
30. Godefroi de Bouillon élu roi de Jérusalem.
31. Godefroi dédie au Saint-Sépulcre les trophées d'Ascalon.
33. Institution de l'ordre de Saint-Jean de Jérusalem (1113).
35. Prédication de la deuxième croisade par Saint-Bernard, à Vezelay (Yonne) en 1146.
36. Louis VII force le passage du Méandre (1148).
37. Philippe-Auguste prend l'oriflamme à Saint-Denis (1190).
38. Siége de Ptolémaïs, au moment où le maréchal Albéric Clément escalade la tour Maudite (1191).
39. Ptolémaïs remise à Philippe-Auguste et à Richard Cœur-de-Lion.
41. Prise de Constantinople (1204).
42. Baudouin, comte de Flandre, couronné Empereur de Constantinople.
43. Débarquement de saint Louis en Égypte (1249).
75. Levée du siége de Rhodes (1480).
103. Levée du siége de Malte (1565).

Salle des États-Généraux (129).

C'est sans contredit une des salles les plus précieuses pour l'histoire. Elle le serait plus encore si l'on y retrouvait toutes les assemblées des États-Généraux. En les voyant convoqués au moins quatre-vingt-douze fois depuis le commencement de la monarchie jusqu'à Louis XIII, on serait convaincu que, sans l'existence d'une charte, le gouvernement a presque toujours été partagé entre le roi et les trois ordres de l'état. Il est peu d'événements importants dans notre histoire pour lesquels les états-généraux n'aient pas été consultés. Cependant il est constant que le plus souvent la détresse les fit convoquer; le roi gouvernait seul quand les coffres de l'état étaient abondamment pourvus. Louis XIV, qui rendit la royauté absolue, ne convoqua pas les états-généraux; le régent et Louis XV rejetèrent avec effroi la proposition qui leur fut faite de chercher dans cette assemblée un remède aux maux de la France. Louis XVI, plus éclairé, la convoqua pour assurer le bonheur de la nation.

Des dix-neuf sujets représentés dans cette salle, quinze ont été peints par M. Alaux; nous indiquerons les auteurs des quatre autres.

4. Assemblée tenue en 615 à Bonneuil-sur-Marne, par Clotaire II accompagné de Berthier, maire de Bourgogne, et de plusieurs évêques.

8. Pépin-le-Bref à Bourges, propose aux Francs les moyens

— 141 —

d'achever la guerre contre Waifre, duc d'Aquitaine (767).

14. Charlemagne, en 813, associe à l'empire son fils Louis-le-Débonnaire.
20. Hugues-Capet proclamé roi de France, à Noyon, *par le peuple, la gendarmerie et les prélats assemblés* (927).
32. Affranchissement des communes (1115).
40. Philippe-Auguste cite le roi Jean devant la Cour des Pairs (1203).
51. États-généraux de Paris, convoqués en 1302 par Philippe-le-Bel, pour statuer sur les différends avec le pape Boniface VIII.
52. Parlement rendu sédentaire à Paris (1303).
54. Affranchissement des serfs (1315).
55. États-généraux convoqués à Paris par Philippe de Valois, pour réprimer le luxe des habits (1328). ABEL DE PUJOL.
59. États-généraux convoqués par Charles V, pour délibérer au sujet de la guerre contre les Anglais (1369).
68. Retour du parlement de Paris (1436).
76. États-généraux de Tours sous Charles VIII (1484).
85. États-généraux de Tours sous Louis XII (1506). BEZARD.
105. États-généraux de Blois, où le duc de Guise fut assassiné (1588).
115. États-généraux de Paris sous Louis XIII (1614).
425. Lit de justice tenu par Louis XVI pour le rétablissement du parlement (1774).
454. Procession des états-généraux (1789). L. BOULANGER.
455. Ouverture des états-généraux à Versailles (1789). COUDER.

De cette salle, une porte conduit aux grands appartemens, restaurés par Louis XVIII et ornés de tableaux par Louis-Philippe.

GRANDS APPARTEMENTS.

Salon d'Hercule (91).

Quoique ce salon ne fît pas partie des grands appartements de Louis XIV, puisque, jusqu'en 1710, il servit de chapelle, les peintures de Lemoine l'ont rendu digne d'être comparé aux salles décorées par les Le Brun, les Houasse, les Blanchard, les Audran, etc., etc. Vingt pilastres en marbre de Rance, appuyés sur des plinthes de vert campan, séparent dans tout le pourtour les vastes panneaux de marbre d'Antin; les bases, les chapiteaux et les corniches sont rehaussés d'or, et Lemoine, chargé en 1730 d'en décorer le plafond, trouva dans le nom du cardinal Hercule de Fleury un sujet fertile en vastes développements. Il conçut l'idée de représenter l'apothéose d'Hercule, et il sema dans cette vaste composition cent quarante-deux figures, toutes caractérisées. Jupiter, entouré de toutes les divinités de l'Olympe, reçoit au ciel le héros aux formes athlétiques, au courage indompté, et lui offre pour épouse la jeune Hébé.

On remarque sur la cheminée *Louis XIV à cheval*, couronné par la Victoire, et, vis-à-vis, le *Passage du Rhin* à Tolhuis, le 12 juin 1672, par Franque, d'après Le Brun.

Salle de l'Abondance (92).

Les lambris, les chambranles et les dessus de portes sont ornés de marbres.

Houasse a représenté sur le plafond l'*Abondance, récompense de l'étude et de l'application aux arts.*

Louis-Philippe a réuni dans cette pièce et les suivantes une série de tableaux relatifs à l'histoire de Louis XIV.

On remarque ici plusieurs tableaux de Vander-Meulen : l'armée du roi campée devant Tournay et le siége de Lille en 1667. — La prise de Condé en 1776. — Le siége de Valenciennes et celui de Fribourg en 1677. — La prise d'Ypres et celle de Leewe en 1678. — La prise de Charleroi, en 1693.

Salle de Vénus (93).

C'était sous Louis XIV la grande salle de l'escalier royal. Le plafond est de Houasse ; il représente Vénus soutenue par un cigne et couronnée par les Grâces ; elle est sur un char d'or attelé de deux colombes ; les traits sont des guirlandes de fleurs.

Des lambris et des colonnes de marbre précieux, des corniches et des sculptures dorées, contribuent encore à l'ornement de cette salle.

Dans la niche où était jadis Cincinnatus, remplacé depuis par le buste de l'infortuné duc d'Enghein, par Bosio, on admire le beau groupe des *trois Grâces*, par Pradier, sujet bien mieux en harmonie avec la peinture du plafond. Ce qu'il y a encore de non moins remarquable, ce sont deux belles perspectives, par Rousseau, qui eut un rare talent pour ce genre de peinture. Il est l'auteur des plus belles perspectives du Muséum britannique à Londres.

Salle de Diane (94).

Ce fut autrefois une *salle de billard*. Blanchard a représenté sur le plafond Diane ou Phébé sous ses diverses attributions, éclairant la terre pendant l'obscurité des nuits, présidant à la chasse et à la navigation.

Au-dessus d'une belle table en mosaïque est le portrait de Louis XIV en habits royaux, par Rigaut, vis-à-vis le portrait en pied de Marie-Thérèse.

Au-dessus de la cheminée est un bas-relief admirable, représentant la Fuite en Égypte.

Autour de cette salle sont placés neuf bustes :

Le buste du grand Condé, par GREVENICH ;
— du Régent, par BRA ;
— de Marie Thérèse, par DESBOEUFS ;
— de Louis XIV, par BERNIN.

Le roi posa avec tant de patience et si longtemps devant ce sculpteur, que, fier de cette faveur insigne, Bernin s'écria un jour après une longue séance : « Miracle ! un grand roi, jeune et Français, a pu rester une heure tranquille !

Le buste du grand Dauphin, par Desprez;
— de Philippe d'Orléans, par Dantan;
— du duc de Vendôme, par Gullot;
— du maréchal de Villars, par Bougron;
— de Turenne, par Flatters.

Salle de Mars (95).

Trois peintres ont concouru à l'ornement du plafond de cette salle.

Audran y a représenté le dieu de la guerre sur un char traîné par des loups; des génies s'arment pour le suivre. *Houasse*, pour exprimer les horreurs de la guerre, a entouré Mars de la Crainte, de la Pâleur, de la Colère, de la Terreur et de la Rage. *Jouvenet* a rendu les résultats des guerres heureuses par l'image de la Victoire accompagnée de la Paix, de l'Abondance et de Génies qui jouent avec des lauriers. Simon Vouet a représenté sur les dessus de portes la Justice, la Modération, la Force et la Prudence.

Cette salle a souvent servi pour des bals et des concerts. On y remarque le sacre de Louis XIV à Reims, le 7 juin 1654, par Philippe de Champagne, d'après Lebrun.

Le mariage de Louis XIV avec Marie-Thérèse d'Autriche, à Saint-Jean-de-Luz, le 9 juin 1660, d'après Ch. Le Brun; la prise de Grave en 1672, par Bonnard, d'après Vander Meulen; la prise de Luxembourg en 1684, par Vander Meulen; et la prise de Mons, en 1691, tableau du temps, d'après Vander Meulen; le siége de la ville et des châteaux de Namur, par Vander Meulen.

On remarque encore dans cette salle, les portraits de Henri d'Orléans, duc de Longueville; d'Anne-Geneviève de Bourbon, sa femme; de Louis de Vendôme, duc de Beaufort; du grand Condé; du vicomte de Turenne, et celui du cardinal de Mazarin.

Salle de Mercure (96).

Cette salle, couverte d'ornements dorés, de sculpture et de bas-reliefs, est désignée, sur une gravure de P. Ménant, comme chambre du lit. Là était peut-être le lit de parade, avant que Louis XIV habitât la pièce du milieu du château.

La *salle de Mercure* était garnie de tables de jeu, lorsqu'il y avait *appartements*, c'est-à-dire lorsque toute la cour, depuis sept heures du soir jusqu'à dix, se répandait dans les grands salons, depuis le salon du Trône jusqu'au salon de Vénus. D'abord il y avait musique dans la salle de Mars, dit Saint-Simon; puis des tables toutes prêtes pour toutes sortes de jeux; un lansquenet, où Monseigneur et Monsieur jouaient toujours; un billard dans la salle de Diane; en un mot, liberté entière de faire des parties avec qui on voulait, et de demander des tables, si elles se trouvaient toutes remplies. Au-delà du billard il y avait une pièce destinée aux rafraîchissements (salle de l'Abondance); le tout parfaitement éclairé.

Philippe de Champagne a représenté sur le plafond Mercure, dieu du commerce et de l'éloquence; Lesueur, sur les dessus de portes, a peint des allégories relatives à la naissance et au sacre de Louis XIV.

Le Roi a fait placer dans cette salle cinq tableaux : les clefs de Marsal remises au Roi, en 1663, tableau du temps, d'après Le Brun; le renouvellement d'alliance entre la France et les cantons suisses, par Sève et P. Franque, d'après Le Brun; la fondation de l'Observatoire en 1667, tableau du temps, d'après Le Brun : Colbert présente au Roi les membres de l'académie des sciences; et le passage du Rhin en 1672, par Vander Meulen.

On trouve aussi dans cette salle les portraits de Louis XIV et de Marie-Thérèse; de Louis XIII; d'Anne d'Autriche, sa femme; de Gaston d'Orléans, son frère; de Marie de Bourbon, femme de Gaston; et de mademoiselle de Montpensier, l'héroïne de la fronde.

Salle d'Apollon ou du Trône (97).

Le trône était habituellement dans cette pièce, où les plus riches moulures, les reliefs les plus élégants, les dorures les plus brillantes, des guirlandes, des enroulements de feuillages, semblent disputer le prix de la beauté aux peintures du plafond. Mais on transportait le trône partout où le roi devait recevoir des ambassadeurs, ou siéger dans l'appareil de la royauté. Ainsi, le 15 mai 1685, Louis XIV, pour recevoir la soumission du doge de Gênes, fit placer le trône au bout de la grande galerie; en 1789, à l'ouverture des états-généraux, Louis XVI le fit transporter dans la grande salle de l'hôtel des Menus-Plaisirs.

Sur le plafond, Lafosse a représenté Apollon sous des traits enfantins; il est monté sur un char, traîné par quatre coursiers; les Saisons l'accompagnent; près du char sont la Magnanimité, la Munificence, et la figure allégorique de la France, objet de la prédilection d'Apollon, c'est-à-dire de Louis XIV, qui, à son mariage, avait pris pour symbole un soleil radieux, et pour devise : *Fœcundis ignibus ardet.* Il y substitua plus tard *Nec pluribus impar*, devise expliquée tout différemment par la galanterie et par l'histoire.

Sur les dessus de portes, Louis est représenté comme protecteur des arts, et vainqueur de l'hérésie.

On remarque dans cette pièce : quatre grands tableaux et neuf portraits :

Le siége de Tournay, en 1667, par Le Brun et Vander Meulen; le siége de Douay, par les mêmes peintres; l'entrée de Louis XIV et de la Reine à Douay, en 1667, d'après Vander Meulen; et la prise de Mons en 1691.

Les portraits représentent Henriette de France, reine d'Angleterre; Philippe d'Orléans, frère de Louis XIV, et ses deux femmes, Henriette d'Angleterre et la princesse palatine; Anne-Marie d'Orléans, reine d'Espagne; le Régent et mademoiselle de Blois, sa femme; Anne de Gonzague; Colbert et Louvois.

Salon de la Guerre (98).

Lebrun, qui a peint les plafonds de ce salon, de la grande galerie et du salon de la Paix, a représenté ici, dans de magnifiques compositions, les exploits et la gloire de la France sous Louis XIV.

Portée sur des nuages et un bouclier attaché au bras gauche, la France, foudroie l'Allemagne, qui ne trouve pas même de salut dans son désespoir, l'Espagne, que ses guerriers abandonnent, et la Hollande, que n'a pu défendre l'union de ses sept provinces.

Aux quatre angles sont de superbes trophées en bronze doré; au-dessus est le soleil, avec la devise de Louis, *Nec pluribus impar*. Tous les ornements rappellent la guerre : ce sont partout des foudres, des boucliers et des armes.

Les six bustes antiques qui décoraient ce salon sous Louis XIV, y ont été replacés.

Grande Galerie (99).

Cette grande galerie, longue de deux cent vingt-trois pieds sur trente-deux de large et quarante de haut, est la plus magnifique qui soit au monde.

Elle est d'ordre composite, et l'ordonnance de l'architecture est réglée par dix-sept grandes fenêtres cintrées, qui répondent à autant d'arcades garnies de glaces. Les unes et les autres sont séparées de chaque côté par vingt-quatre pilastres. Aux deux extrémités, la grande arcade, par laquelle on communique au salon de la Guerre et à celui de la Paix, est ornée de deux colonnes et de six pilastres.

Grande Galerie.

Toute cette architecture est de marbre de différentes couleurs; les bases et les chapiteaux sont de bronze doré, ainsi que les trophées, les peaux de lion, les festons, les soleils et les roses qui décorent les arcades et l'entre-deux des pilastres.

Le roi a fait placer dans toute la longueur de cette galerie de grands candélabres dorés, qui ajoutent beaucoup à l'ornement.

Les statues de Pâris, de Mercure, de Vénus et de Minerve ont été placées dans les quatre niches pratiquées dans l'épaisseur des murs, vers le milieu de la galerie.

Toute la galerie est voûtée d'un berceau en plein cintre, enrichi d'une belle composition d'architecture en perspective, de divers marbres, avec des compartiments d'or.

L'immortel Lebrun a représenté sur le plafond, dans vingt-sept tableaux, dont neuf grands et dix-huit petits, une partie de l'histoire de Louis XIV.

Dans le cintre au-dessus de l'arcade du nord, on voit l'*alliance de l'Allemagne, de l'Espagne et de la Hollande* effrayées des victoires de la France que proclament des renommées répétant à son de trompe : *Veni, vidi, vici.* A gauche, des forgerons se hâtent de fabriquer des armes ; à droite, des guerriers appellent le combat.

Suivent deux tableaux séparés par un camaïeu.

A droite du côté des jardins, la *réparation de l'attentat des Corses*, 1664. La France montre à Rome le plan de la pyramide que cette ville doit élever en face du corps de garde des Corses qui ont insulté de Créquy, ambassadeur de Louis XIV.

Sur le camaïeu, le *soulagement du peuple pendant*

la famine de 1662. La charité, dont une aigrette de feu indique l'origine céleste, distribue du pain à des malheureux.

A gauche, du côté des appartements, la *Hollande secourue contre l'évêque de Munster*, 1665. La France repousse ce guerrier et le force à rentrer dans ses états.

Sur le grand tableau suivant, divisé en deux compartiments, à gauche, le *passage du Rhin en présence des ennemis*, 1672. L'Espagne essaie en vain de retenir les coursiers qui entraînent avec rapidité le char de Louis XIV. Orsoy, Burich, Wesel et Rhimberg sont pris ; le Rhin consterné a laissé tomber l'aviron, symbole de sa puissance ; les magistrats des villes de la superbe Hollande viennent tremblants offrir à Louis les clés des places fortes.

A droite, le *roi prend Maëstrich en treize jours*, 1673 (19 juin). Déjà Zutphen, Nimègue, Utrech et Worms ont ouvert leurs portes ; Maëstrich a seule osé lutter ; elle ne cède son bouclier qu'après une vigoureuse résistance. L'Europe regarde avec étonnement et douleur des conquêtes qui l'alarment ; des sauvages de l'Amérique semblent effrayés par un phénomène céleste qui présage les victoires du grand roi près de leur continent.

Suivent deux médaillons séparés par un camaïeu.

A droite, la *prééminence de la France reconnue par l'Espagne*, 1662 (24 mars). Le 10 octobre 1661, à l'entrée à Londres du comte de Brahé, ambassadeur de Suède, le comte de Batteville avait fait passer son carrosse avant celui du comte d'Estrades, ambassadeur de France. Louis s'en plaignit au roi d'Espagne, et le 24 mars 1662, le marquis de la Fuentès, ambassadeur extraordinaire d'Espagne, déclara solennellement que le roi son maître avait ordonné à tous les ministres de céder la préséance à ceux du roi de France. Le lion de l'Espagne s'humilie aux pieds de la France, et la justice tient sa balance droite pour marquer l'équité de cette déclaration.

Sur le camaïeu, la *fureur des duels arrêtée*, 1679. La Justice armée de son glaive, menace un duelliste acharné contre son adversaire.

A gauche, *Défaite des Turcs en Hongrie par les troupes du roi*, 1664 (1er août). La France couvre de son bouclier l'aigle de l'empire, et terrasse les Turcs.

Sur le grand tableau divisé en deux compartiments, à gauche, le *roi donne ses ordres pour attaquer en même temps quatre des plus fortes places de la Hollande*. Il s'adresse à son frère Philippe d'Orléans, à Condé et à Turenne. Les quatre places furent prises en trois jours, du 3 au 6 juin 1672.

A droite, le *roi arme sur terre et sur mer*. Minerve lui pose un casque sur la tête; Vulcain lui offre une armure merveilleuse; Cérès, ses trésors; Neptune, son sceptre, et Apollon aide à Vauban à fortifier les places.

Suivent deux médaillons séparés par un camaïeu.

A droite, *réformation de la justice*, 1667. La justice se plaint à Louis de ce que la corruption fait souvent pencher sa balance. Les nouvelles ordonnances que le roi remet aux magistrats doivent abréger les procédures et prévenir les abus.

Sur le camaïeu, *guerre contre l'Espagne pour les droits de la reine* 1667. Louis, excité à la guerre par l'hymen, demande à la justice si la cause qu'il soutient est équitable. Pour réponse, elle lui montre sa balance dont les deux bassins sont égaux.

A gauche, *rétablissement de la navigation*. Derrière Louis XIV armé du trident, l'abondance semble insulter à des pirates enchaînés, et désormais hors d'état d'infester les mers.

C'est surtout dans le grand tableau du milieu de la galerie, que Lebrun a déployé un force puissante d'imagination.

A gauche, le *roi gouverne par lui-même* 1661. Tous les dieux viennent applaudir à la résolution du monarque et présager la gloire de son règne. La France, assise avec majesté sur un trône, tient d'une main une branche d'olivier, et appuie son bras droit sur un bouclier dont le poids écrase la discorde. A ses côtés sont l'hymen, qui vient de lui procurer la paix, et Amphitrite, déesse de la mer. Divers génies remplissent le bas du tableau : les uns font de la musique; les autres, au retour de la chasse, jouent aux échecs ou aux cartes ; l'un gonfle un ballon, un autre joue du tambour de basque; d'autres enfin figurent les plaisirs du carnaval, un dernier les amusements des carrousels. Au-dessus se tient Louis XIV sur un trône magnifique ; les grâces le couronnent de fleurs ; l'étude et l'union sont à côté du trône; Minerve et Mars indiquent au roi, qui porte ses regards sur une couronne soulevée par la gloire, qu'il y doit prétendre par la sagesse et le courage.

Plus loin, on aperçoit le soleil sur son char, brillant de lumière; l'Aurore *aux doigts de roses* le précède.

Le temps déploie ses ailes et semble tenir sa faux pour indiquer qu'il laissera au héros le temps d'accomplir ses hautes destinées. Au-dessus sont groupés Neptune, avec son trident, Diane, la tête couronnée d'un croissant, et Hercule armé de sa massue; il semble, en regardant Cerbère que Pluton tient enchaîné, et dont la vue lui rappelle un de ses plus difficiles travaux, regretter d'être resté loin en arrière de la gloire à laquelle parviendra Louis XIV. Près de Pluton est Vulcain, qui tient un marteau à la main.

A droite : *Faste des puissances voisines de la France.* Le peintre a lié cette partie à la composition précédente, par Mercure qui traverse les airs pour annoncer à l'Espagne, à l'Allemagne et à la Hollande, la résolution de Louis de régner par lui-même. Il est envoyé par Jupiter, irrité contre une nation qu'il menace de son foudre vengeur. Junon, assise près de lui, semble demander la cause de son courroux contre des nations dont le faste et la fierté ne sont pas un crime à ses yeux.

L'Allemagne, avec son aigle, est assise fièrement sur un trône; à sa gauche, l'Espagne, dont le lion déchire l'infortuné Montézuma, semble se faire gloire d'avoir aidé au génie de la destruction à renverser les palais et à arracher les couronnes des rois vaincus; à droite, la Hollande, appuyée sur un lion dont les griffes étreignent sept flèches, symbole des sept provinces unies, tient fièrement le sceptre des mers, et une chaîne à laquelle est attachée Amphitrite.

Suivent deux médaillons séparés par un camaïeu.

A gauche, *l'Ordre rétabli dans les finances*, 1662. La France prie le monarque de tenir d'une main ferme le gouvernail qu'elle lui a remis. Des monstres chargés d'or sont mis en fuite; la clef du trésor est confiée à la Fidélité.

Sur le camaïeu, *Paix d'Aix-la-Chapelle*, 1668 (2 mai). Louis, couronné par la Gloire, offre à l'Espagne, avec une branche d'olivier, la Franche-Comté, désolée de ne plus être soumise à un roi dont la puissance et la bonté lui promettaient un protecteur et un père.

A droite, *Protection accordée aux beaux-arts*, 1663. L'Éloquence, au nom des Muses groupées auprès d'elle, remercie le monarque de sa généreuse protection.

Sur le grand tableau à deux compartiments :

A droite, *Résolution prise de faire la guerre aux Hollandais*, 1671. Minerve et la Justice semblent détourner le roi de faire la guerre par le tableau des maux qu'elle entraîne; mais Mars étale à ses pieds des boucliers où sont inscrits ses exploits, et lui montre le char de triomphe sur lequel la Gloire s'apprête à le couronner.

A gauche, la *Franche-Comté soumise pour la seconde fois*, 1674. Les signes des poissons, du bélier et du taureau, indiquent que cette conquête fut faite pendant les mois de février, mars et avril. Hercule et Minerve unissent leurs efforts pour triompher du lion d'Espagne, protégé par un énorme rocher ; l'aigle de l'empire les menace en vain ; en vain il bat des ailes pour les effrayer, appeler du secours ; les guerriers qui défendent la forteresse de Besançon sont massacrés.

Suivent deux médaillons séparés par un camaïeu :

A gauche, *Établissement de l'Hôtel des Invalides*, 1674. Le Génie de la France remet la croix de l'Ordre à un vieil officier, et lui montre les plans de l'hôtel où la sagesse du roi assurera l'abondance et le repos aux militaires vieillis sous les armes.

Sur le camaïeu, *Acquisition de Dunkerque*, 1662 (27 août). La France fait compter les cinq millions qu'elle est convenue de payer pour la restitution de cette place. L'Hérésie aperçoit avec effroi la soumission de Dunkerque, qui doit être suivie de son bannissement.

A droite, *Ambassadeurs envoyés des extrémités de la terre*. On distingue ceux du grand-seigneur, du roi de Maroc et du czar de Russie.

Sur le tableau à deux compartiments :

A droite, *Mesures des Espagnols rompues*. L'Espagne, consternée de la prise de Gand, tombe sur son lion. La Prévoyance brise sa règle et ses compas ; l'aigle de l'empire est renversé avec les colonnes sur lesquelles Charles-Quint avait gravé l'inscription fastueuse : *Plus oultre*.

A gauche, *Prise de la ville et de la citadelle de Gand*, 1678 (12 mars). Louis est porté dans les airs par un aigle; le Secret et la Rapidité l'accompagnent; la Gloire le précède. En vain la Flandre cherche à réveiller ses villes assoupies dans une fausse sécurité, la Victoire les attache au char du roi.

Suivent deux médaillons et un camaïeu.

A gauche, *Renouvellement de l'alliance avec les Suisses*, 1663. La France présente la main à des envoyés suisses, qui la serrent avec reconnaissance.

Sur le camaïeu, *Sûreté de la ville de Paris*, 1669.

La Justice ordonne aux soldats du guet de veiller pendant la nuit à la sûreté des habitants.

A droite, *Jonction des deux mers*, 1666; de l'Océan, figuré par Neptune et un dauphin, et de la Méditerranée, figurée par Amphitrite et un aviron, François I*er* avait conçu le projet du canal royal du Languedoc; Henri IV l'avait repris, mais il ne fut exécuté que sous Louis XIV. Alors Riquet, à qui Colbert ne pouvait accorder les fonds nécessaires, demanda seulement la permission d'entrer familièrement dans le cabinet du ministre, quand il recevrait les fermiers-généraux. Ceux-ci, persuadés que Riquet jouissait du plus grand crédit auprès de Colbert, lui offrirent toutes les sommes nécessaires pour l'exécution de son grand et utile projet. Il était réservé à son fils d'y mettre la dernière main.

Dans le cintre qui est au-dessus de l'arcade du salon de la Paix, *la Hollande acceptant la paix et se détachant de l'Allemagne et de l'Espagne*, 1678.

La Hollande tend des bras suppliants vers l'olivier que la Paix a chargé Mercure de lui offrir. Sollicitée en vain de rester fidèle à ses alliés par l'Orgueil, personnifié sous les traits de Junon, en vain retenue par l'aigle de l'empire, qui s'attache à son manteau, elle est confirmée dans ses intentions pacifiques par l'attitude de ses soldats, qui semblent lui dire : Nous combattrons si tu veux la guerre, mais la paix serait plus avantageuse.

Louis XIV recevait dans cette grande galerie les ambassadeurs extraordinaires. Il ne pouvait donner une plus haute idée de la France qu'en faisant traverser aux ambassadeurs la série des salons magnifiques qui aboutissaient à cette galerie, plus magnifique encore. Le trône était élevé au bout de la galerie, sur six degrés couverts d'un tapis de Perse à fond d'or, enrichi de fleurs d'argent et de soie.

Sur les degrés étaient de grandes torchères et des guéridons d'argent.

Au bas du trône, à droite et à gauche, on plaçait d'espace en espace de grandes cassolettes d'argent, chargées de vases de même métal.

Louis XIV, magnifiquement paré, était assis sur son trône, et autour de lui étaient ses enfants et les plus hauts personnages de la cour.

Telle était la disposition de cette galerie lorsque, le 15 mai 1685, le doge Imperiali, accompagné de quatre sénateurs génois, vint exprimer en termes très-soumis le regret qu'éprouvait sa république d'avoir donné à Sa Majesté très-chrétienne des sujets de mécontentement; lorsque le 1er septembre 1686 l'ambassadeur de Siam, accompagné de plusieurs mandarins, vint remettre à Louis XIV une lettre de son souverain; lorsqu'en 1714 l'ambassadeur de Perse vint complimenter Louis XIV au nom du roi de cette contrée. Quelquefois aussi on y donna des bals et des fêtes : une des plus célèbres eut lieu le 7 décembre 1697, à l'occasion du mariage du duc de Bourgogne avec Adélaïde de Savoie.

Après avoir parcouru en entier la grande galerie, on reviendra sur ses pas, pour entrer dans la chambre du conseil (116).

Chambre du Conseil ou premier cabinet du Roi (116).

Dans cette salle on aime à retrouver couverte d'un velours vert la table, au haut de laquelle, quatre fois par semaine, avant ou après la messe, le Roi, assis dans son fauteuil, écoutait avec une scrupuleuse attention les projets que lui proposaient, Louvois pour la gloire des armées françaises, Colbert pour la prospérité du commerce, Torcy pour l'exécution fidèle des traités; Louis, adoptant ou modifiant ces projets, eut toujours pour but de consolider sa puissance et la grandeur de la nation qu'il gouvernait.

On remarque dans cette pièce une pendule à carillon faite par Adrien Morand, en 1706. Deux coqs chantent les quatre quarts en battant des ailes, et deux esclaves frappent les heures sur des globes qui s'avancent par une ingénieuse mécanique; puis une porte s'ouvre à deux battans, et la statue équestre de Louis XIV sort au milieu d'un nuage de gloire, qui s'ouvre et laisse paraître une victoire; elle abaisse une couronne sur la tête du monarque. Là encore on retrouve un buste de Louis XIV; pendant la révolution, on y avait substitué la statue de Brutus.

Tour et Apothicairerie de Louis XV. — Tour et Forge de Louis XVI.

La porte qui est derrière la pendule d'Adrien Morand conduit au cabinet du Tour de Louis XV, et plus loin au cabinet doré que Dugoulou, Roumier et Verbreck avaient orné de belles sculptures. Le petit escalier qui sépare ces deux cabinets conduit à l'apothicairerie de Louis XV et à deux pièces, sous les combles, où Louis XVI s'était fait construire un tour et une forge. Pendant la révolution le tour a été déposé au Conservatoire des arts et métiers; la forge existe encore. Là ce jeune roi cherchait dans un vif exercice l'action nécessaire à sa santé. Un jour, le jeune Arthur de S., nouvellement attaché à un ministre en qualité de secrétaire, brisa une clé dans une serrure à ressorts compliqués; plusieurs serruriers de Versailles avaient renoncé à dégager cette clé de la serrure; un seigneur, instruit de l'embarras où se trouvait le jeune Arthur, lui conseilla d'aller trouver un *habile serrurier* du château, et le conduisit à la forge du Roi. Arthur ne vit pas d'abord sans étonnement la fine chemise et l'élégant jabot du serrurier; mais il pensa qu'au palais ce devait être ainsi et exposa son embarras. Louis XVI, qui n'avait pas été moins surpris de voir entrer un inconnu, comprit que c'était quelque espiéglerie et s'y prêta de bonne grâce. La clé fut bientôt retirée et raccommodée. Mais qui fut bien surpris! ce fut le jeune Arthur, lorsque, quatre heures plus tard, chargé par le ministre qui l'avait pris pour secrétaire de lui apporter un portefeuille au conseil du roi, il reconnut dans Louis XVI le serrurier à qui il s'était adressé le matin.

Chambre à coucher de Louis XV et de Louis XVI (117).

Au milieu de cette chambre est une pendule à carillon. Le roi a fait placer là les portraits des six filles de Louis XV : madame Louise-Élisabeth, qui épousa le duc de Parme; madame Anne-Henriette, morte en 1752, à l'âge de vingt-cinq ans; madame Adélaïde, que le roi appela longtemps son dragon, et qui, regrettant de n'être pas garçon pour conduire les tambours de *papa roi*, voulait au moins se faire Judith pour égorger tous les Holophernes anglais; madame Victoire, belle brune aux yeux bleus, l'image de son père; sa lèvre supérieure porte les deux petits filets de poil noir que M. de Boufflers trouvait ravissans; Madame Sophie, qui avait tous les traits de sa mère; et madame Louise qui, moins jolie, mais aussi bonne que ses sœurs, échangea sans regret la douce mollesse d'un palais contre les austérités du cloître. Le grand tableau du *sacre de Louis XV à Reims*, le 25 octobre 1722, par SIGNOL, est à la place qu'occupait habituellement le lit; mais dans la dernière maladie du roi, on le plaça au milieu de la chambre, et les filles de Louis XV, nuit et jour dans ses rideaux, sans redouter la contagion d'un mal alors presque incurable, prodiguaient à leur père les soins les plus touchants. Tous les remèdes furent impuissants, et le 10 mai 1774 fut le dernier jour de ce roi, qui avait commencé par être le *Bien-Aimé*.

Salon des Pendules (118).

On y remarque une magnifique pendule exécutée par Dauthiot ; elle indique, outre les jours, les mois et les années, les phases de la lune et le cours des planètes. Le méridien adapté au parquet est l'ouvrage de Louis XVI. On voit aussi le modèle en bronze de la statue de Louis XV par Bouchardon, et plusieurs tables en mosaïque représentant les plans du parc de Versailles en 1756 ; des forêts de Saint-Germain, de Marly et de Compiègne, de 1730 à 1734, par Ducy et Andrieux de Banson.

Cabinet des Chiens (119).

Les chiens de chasse sculptés dans la frise, et l'usage où étaient Louis XIV et Louis XV de donner dans ce cabinet des biscotines aux chiens qui devaient les accompagner dans leurs chasses, l'a fait ainsi nommer ; il est près de la cour des cerfs où se faisait la curée.

Outre les portraits de Louis XIV, de Louvois et de Colbert, qui favorisèrent le plus ses grands projets, on remarque dans ce cabinet les portraits de tous les artistes qui ont contribué à l'embellissement du palais de Versaïlles. Mansart, le grand architecte; Le Brun, qui peignit la grande galerie; Vander Meulen, dont les tableaux font encore aujourd'hui les plus beaux ornements du palais; Le Nôtre, qui créa les jardins; Coysevox et Pujet, qui les ornèrent de groupes admirables.

Près de là est le petit escalier au pied duquel Louis XV fut assassiné, le 5 janvier 1757, par l'infâme Damiens, un de ces fous avides d'une lugubre célébrité, et que la célébrité n'épargne pas.

Au haut de cet escalier étaient les appartements habités par madame Dubarry. Souvenirs pénibles, mais que l'histoire perpétuera pour flétrir la fin de la carrière d'un prince auquel elle avait d'abord consacré des pages de gloire.

Salle 120.

Cette grande pièce, éclairée par la cour des cerfs, était en 1727, une salle de bains; en 1755, Louis XV en fit une salle à manger de famille. Louis XIV avait souvent déjeuné dans cette pièce avant de partir pour la chasse. Je soupçonne que, plus tard, elle fit partie des petits appartements de madame de Maintenon, cette femme qui joua avec tant de goût, tant d'esprit et tant de courage, un rôle si périlleux, si difficile. Ils étaient *au haut du grand escalier,* dit Saint-Simon, *de plain pied avec l'appartement du Roi.* Les grands appartements de madame de Maintenon devaient être au rez-de-chaussée, dans les salles des Guerriers célèbres.

Ce fut ici peut-être que Louis XIV entendit les

jeunes élèves de Saint-Cyr, belles de leur jeunesse, plus belles de leur innocence, soupirer les malheurs de Sion et proclamer la toute-puissance de Dieu, qui déjoua les vains complots d'Athalie, et rétablit le jeune Joas sur le trône de ses pères. Mademoiselle d'Abancourt exhalait toute la rage d'Athalie; la jeune dame de Caylus parait Abner d'un trop joli visage, mais elle rendait parfaitement ses beaux sentiments de fidélité; mademoiselle de Glapion, *dont la voix allait droit au cœur*, et sur les épaules de laquelle Racine aurait voulu pouvoir mettre la tête de madame de Caylus, remplissait en inspirée le beau rôle de Joad. Ces chefs-d'œuvre produisaient là plus d'effet que sur le théâtre profane; ils n'étaient point défigurés par une Josabeth fardée (la Duclos), par une Athalie outrée (la Démare), ni par un grand-prêtre (de Beaubourg) plus capable d'imiter les capucinades du petit père Honoré que la majesté d'un prophète divin. (*Souvenirs de Madame de Caylus.*)

On voit dans cette salle un magnifique secrétaire de porcelaine de Sèvres, placé là par Charles X. Les camées représentent Versailles et les têtes des rois, successeurs de Louis XIV.

Louis-Philippe a rendu cette pièce à la destination que lui avait donnée Louis XV.

Cabinet de travail de Louis XVI (121).

Là, le jeune monarque dressa le plan de la route que devait suivre l'infortuné Lapeyrouse; il désigna comme l'aurait pu faire le plus habile géographe, tous les lieux que le capitaine devait visiter ; il indiqua les divers échanges à faire avec les différentes peuplades, et termina ses instructions par ces belles lignes, véritable expression de son cœur : « Sa Majesté regarderait comme un des fruits les plus heureux de l'expédition, qu'elle pût être terminée sans qu'il en coûtât la vie à un seul homme. »

On voit dans cette salle une statue équestre de Louis XIV, par DESJARDINS, et Louis XIII enfant.

Le Confessionnal (122).

Dans cette petite pièce, divisée par plusieurs refends, Louis XIV s'agenouilla aux pieds du père Lachaise. Un simple verre a remplacé la glace épaisse à travers laquelle le capitaine des gardes pouvait tout voir sans rien entendre. On remarque au-dessus de la cheminée le portrait de madame de Maintenon caressant mademoiselle de Blois, l'épouse du régent, Philippe d'Orléans.

Pendant plusieurs années, cette salle, beaucoup plus grande et d'une forme oblongue, a été désignée sous le nom de salon de l'ovale ; dans un petit cabinet pratiqué à l'extrémité étaient les livres de Louis XIV.

Salles 123, 124 et 125.

Ces trois pièces composaient sous Louis XIV la *petite galerie du roi*. Mignard, qui avait peint les plafonds, avait représenté, sur le plafond de la salle 123, l'audacieux Prométhée dérobant le feu du ciel pour animer l'homme qu'il venait de fabriquer ; sur le plafond de la salle 124, Apollon distribuant des médailles d'or aux diverses sciences et Minerve les couronnant de lauriers. Sur le plafond de la salle 125, le grand peintre avait représenté la création de Pandore.

La petite pièce marquée T sur le plan, voisine de la salle 123, était le cabinet de la cassette de Louis XV. Il cessait là d'être roi de France, pour devenir Louis de Bourbon. Des bas-reliefs dorés, extrêmement précieux, décorent les panneaux des lambris.

Le Roi se propose de réunir dans la salle 124, ancienne bibliothèque de Louis XVI, tous les ouvrages qui ont rapport à l'histoire de France. Ce sera une précieuse collection.

Outre six bustes antiques, on remarque dans cette pièce les statuettes assises de Racine, de Pascal, de Rollin et de Montesquieu.

La salle 125, ancien salon des Porcelaines, est ornée des six bustes suivants :

Buste de Charles Ier, roi de Sicile.
— de Jean Ier, roi de France, mort enfant.
— de Jeanne de France, femme de Philippe III, roi de Navarre.
— de Charles d'Artois.
— de Renée d'Orléans, comtesse de Dunois.
— de Gaston, frère de Louis XIII.

Le Roi a fait placer dans cette salle trois tableaux

de MARTIN, d'après VANDER MEULEN; la prise de RIMBERG, la prise de RÉES, et la prise de NAERDEN, en 1672; et la prise de la VILLE DE CAMBRAI, en 1678, par VANDER MEULEN.

Atelier de Mignard (126).

Cette petite pièce, où plus tard on plaça un billard, a servi d'atelier à Mignard, et elle reçoit encore le jour des fenêtres ouvertes dans la partie supérieure.

Cinq tableaux décorent cette salle :

La prise de Santen et la prise de Dœsbourg en 1672. MARTIN, d'après VANDER MEULEN.
La prise de Maëstricht en 1675. PARROCEL.
La prise de Luxembourg en 1684. VANDER MEULEN.
Et la bataille de Cassano, gagnée le 16 août 1705, par Vendôme contre le prince Eugène.

Salle des Gouaches de Louis XV et de Louis XVI (127).

Autrefois *Salle de la Vaisselle d'or*.

(On appelle gouaches, des peintures dont les couleurs sont détrempées avec de l'eau mêlée de gomme.)

Les vingt gouaches contenues dans cette salle, sont de VAN BLAREMBERG, et ont rapport aux guerres de 1744 à 1748. Deux seulement représentent l'attaque des Redoutes d'York-Town, et la Sortie de la Garnison anglaise, en 1781. Les dix-huit autres sujets sont : La prise de la Ville et des Châteaux de Fribourg, en 1744; le Roi ordonne l'attaque de Tournai; combat de Melle; surprise de la ville de Gand; prise d'Oudenarde; siéges d'Ostende et d'Ath, en 1745; siéges de Bruxelles, d'Anvers, de Mons et de Namur, en 1746; prise des châteaux de Namur, et bataille de Rocoux, la même année; entrée de Louis XV à Mons; bataille de Lawfeld; siége et prise de Beg-op-Zoom, en 1747; enfin, le siége de Maëstricht, en 1748.

Dans cette salle fut dressée, en 1747, la scène sur laquelle madame de Pompadour fit représenter l'*Enfant prodigue* de Voltaire et le *Méchant* de Gresset.

Les pièces que nous venons de décrire (de 118 à 127) composent les petits appartements du Roi; on ne les visite qu'avec des billets particuliers.

Nous revenons à la chambre du conseil pour continuer la visite des grands appartements.

Chambre à coucher de Louis XIV (117).

En entrant dans cette chambre, où vécut, où mourut ce grand Roi, l'honneur de l'espèce humaine, on est saisi d'un sentiment de respect involontaire. La chambre du Roi est aujourd'hui dans l'état où l'a laissée Louis XIV. Les tableaux, les marbres, les meubles, le lit, la balustrade, le prie-dieu, les candelabres du Roi dispersés çà et là par les révolutions, ont été retrouvés et remis à la même place.

Que de drames divers se sont succédé dans cette chambre, depuis le 11 novembre 1630 jusqu'au 6 octobre 1789! Louis XIII y rendit justice au génie de Richelieu, et sacrifia à la prospérité et à la grandeur de la France la voix qui dans son cœur parlait pour sa mère, Marie de

Médicis. Louis XIV, dans sa gloire, y reçut les ambassadeurs de toutes les nations vaincues par ses armes, sauvées par sa grandeur.

Chambre de Louis quatorze.

Dans cette chambre, le 26 août 1715, réunissant ses forces pour bénir le jeune duc d'Anjou, Louis XIV condamna hautement son goût pour la guerre et pour les trop grandes dépenses : « Soulagez vos peuples le plus tôt que vous pourrez, et faites ce que j'ai eu le malheur de ne pouvoir faire moi-même, » disait-il à son successeur ; et, six jours après, il expira en disant à ses officiers désolés : « M'avez-vous donc cru immortel ? » Ce fut le 1er septembre 1715, à huit heures et un quart du matin. Le premier gentilhomme, ouvrant la croisée qui donne sur le balcon, cria trois fois : Le roi est mort ! et brisa son bâton ; bientôt il en prit un autre, et cria : Vive le roi !

Sur ce balcon, le 6 octobre 1789, Louis XVI fut assailli par les vociférations d'une populace effrénée, et la Reine, pour se défendre, n'eut que ses larmes et son enfant. Triste souvenir !

Le plafond de la chambre de Louis XIV a pour ornement le beau tableau de Paul Véronèse, dont la place est restée vide aux conseil des Dix, à Venise. Des nombreux fruits de nos conquêtes en Italie, c'est à peu près le seul objet précieux que nous ayons soustrait à la restitution de 1815 ; il représente Jupiter foudroyant les Titans.

Œil-de-Bœuf (114).

Cette grande salle, dite aussi *des Nobles*, fut établie vers l'an 1700 ; on l'appelle généralement *OEil-de-Bœuf*, à cause de la fenêtre ovale pratiquée au plafond, d'où elle reçoit un supplément de jour indispensable, surtout quand les arcades de la grande galerie sont fermées.

Rien de plus beau que la frise rampante qui en fait le tour.

Louis XVI, pendant son règne, dîna tous les dimanches en public dans cette salle. La reine seule était à table à côté du roi. Les dames titrées étaient assises sur des pliants; les dames non titrées se tenaient debout autour de la table.

Outre les portraits de Louis XIV, couronné par la Victoire; du duc de Bourgogne, qui emporta dans sa tombe, ouverte avant le temps, toutes les espérances que son règne devait réaliser; d'Anne d'Autriche, épouse de Louis XIII, mère de Louis XIV; de Philippe d'Orléans, le vainqueur de Cassel; de mademoiselle de Montpensier, l'héroïne de la Fronde; de Marie-Anne de Bavière, dont l'heureuse fécondité donna des rois à la France et à l'Espagne; on remarque surtout le grand tableau où Mignard a représenté la famille de Louis XIV en costumes de divinités de l'Olympe; tous les personnages, à moitié nus, ont la *grande perruque obligée*. Louis XIV en *Jupiter*, sa mère en *Cybèle*, la reine en *Junon*, Philippe d'Orléans en *Apollon*, etc.

On remarque encore la statue en bronze de Louis XIV à cheval, fidèle reproduction de la statue que Louis-Philippe a fait mettre dans la cour du château de Versailles.

(La porte qui est au fond de cette salle conduit aux petits appartements de la reine, et à deux salles qui ne sont pas ouvertes au public.)

Petits appartements de la Reine.

Un couloir s'offre d'abord, et un pénible souvenir vient attrister l'âme; ce fut par ce couloir que, la nuit du 5 au 6 octobre, la reine Marie-Antoinette, effrayée des cris de sang dont retentissait la salle de ses gardes, s'enfuit précipitamment de sa chambre et courut, demi-vêtue, se jeter dans les bras du Roi.

On chercherait en vain le petit oratoire de Marie-Thérèse, conservé par Marie Leksinska (entre 109 et la cour); mais on retrouve le cabinet de toilette de Marie-Antoinette; et près de là le petit escalier qui conduisait à un cabinet d'entresol, choisi par la reine pour la représentation de quelques comédies du Théâtre-Français; le comte de Provence, le comte d'Artois, les deux princesses leurs épouses, Marie-Antoinette et MM. Campan, formaient *la plus mauvaise troupe qui se pût voir.* Louis XVI, seul spectateur, dut convenir plus d'une fois que la troupe avait *royalement mal joué.*

On visite avec intérêt la *bibliothèque* (110-111) et le délicieux boudoir (109) où la Reine venait quelquefois chercher dans l'étude ou dans une société choisie une distraction aux ennuis de l'étiquette, et l'oubli momentané des affreuses calomnies dont ses ennemis cherchaient à la noircir. La tendresse de Louis, la vue de ses enfants, la société de l'aimable comtesse de Polignac, le sincère attachement des princesses de Lamballe et de Chimai, semèrent de quelques fleurs cette vie, dont les derniers jours devaient être si affreux.

C'était probablement dans la pièce (110) que la reine Marie Leksinska travaillait aux tableaux dont elle orna son boudoir (109), et qu'elle légua, comme son propre ouvrage, à sa dame d'honneur, la comtesse de Noailles. Plusieurs personnes ont pu voir chez cette dame, devenue maréchale de Mouchy, ces tableaux enfermés dans un petit cabinet, sur la porte duquel était gravée en lettres d'or l'inscription : INNOCENTS MENSONGES DE LA BONNE REINE.

Sous Louis XIV, ces petits appartements ont été habités pendant plusieurs années par le jeune duc de Bourgogne, né avec de funestes penchants, surtout extrêmement porté à la colère, et devenu, par les soins de Fénelon, de Fleuri et de Beauvillers, prince affable, modeste et orné de toutes les vertus comme de tous les talents. La France attendait de son règne des jours de repos et de bonheur. Espoir cruellement déçu par une mort prématurée !

Ancienne salle du Grand Couvert (108).

Du grand Boudoir de la reine, une porte donne dans l'ancienne salle du Grand Couvert, ou salle des Valets de pied.

Louis XIV dînait presque toujours à *son petit couvert*, c'est-à-dire dans sa chambre et en présence d'un petit nombre de princes ; mais le soir, il soupait souvent dans cette salle, avec une partie de sa famille.

C'était là aussi que, chaque lundi, un secrétaire-d'état recevait tous les placets adressés au roi.

On remarque dans cette salle outre quelques anciens tableaux de l'histoire d'Alexandre, par Piètre de Cortonne et Parrocel : le siége de Lille, pris en 1667; de Dôle, pris le 14 février 1668; de Valenciennes, pris le 17 mars 1677; le renouvellement de l'alliance avec les Suisses, en 1663; cette alliance, qui remonte à l'an 1478, souvent renouvelée, de 1549 à 1582, de 1602 à 1663, etc., devint plus étroite en 1671; car les Suisses, qui jusqu'alors n'avaient servi qu'en temps de guerre, commencèrent un service continu, même pendant la paix. En rendant hommage à leur fidélité, on ne peut regretter leur licenciement, puisque la garde nationale de Paris les a remplacés.

On trouve encore dans cette salle : un combat près du canal de Bruges en 1667, et la prise de Saint-Omer en 1677, tous tableaux de Vander Meulen.

Le combat de Leuze est de Fréron, d'après Parrocel.

Mais le tableau le plus précieux de tous est celui où Le Brun a représenté : *Louis XIV fondant, le 10 mai 1693, l'ordre militaire de Saint-Louis*. Le premier projet de cette création avait été présenté à Richelieu par l'assemblée des notables tenue à la fin de l'année 1626. Ce tableau, qui représente la chambre de Louis XIV telle qu'elle était alors, a servi à la remettre dans le même état à peu près. (Voir page 170.)

Les auteurs qui ont traité des accroissements du château de Versailles auraient bien dû consulter le tableau qui, dans cette salle, représente ce château en 1669 :

Ancienne salle des Gardes (107).

C'était la première pièce des appartements du Roi. On remarque sur la cheminée un tableau de Parrocel, représentant un combat où figurent les gardes du Roi.

Louis-Philippe a fait placer dans cette salle les dix tableaux suivants :

245. Prise d'Orsoy (1672). Martin, d'après Vander Meulen.
256. Prise d'Utrecht. Bonnard, Id.
263. Prise de Gray (Haute-Saône) (1674). Vander Meulen.
265. Prise de Dôle. Id.
267. Prise de Salins. Id.
268. Prise du fort de Joux. Id.
277. Siége et prise de Limbourg (1675). Id.
296. Bataille de Cassel (1677). Id.
319. Bataille de Fleurus (1690). Martin.
550. Bataille de Nerwinden (1693). Id.

Reprenons la description des grands appartements: nous allons parcourir les appartements de la reine.

Salon de la Paix (100).

Tout ici offre un contraste frappant avec les peintures et les sculptures du salon de la Guerre. Des branches d'olivier, des gerbes de blé, des guirlandes, des caducées et des cornes d'abondance y remplacent les trophées et les foudres.

Sur le plafond, la France, couronnée par l'Immortalité, ordonne à la Paix, qui porte un caducée, d'aller répandre partout le bien-être et l'abondance. Les Ris, les Jeux et les Grâces couronnent l'Hymen, qui attache à son flambeau des guirlandes de fleurs. L'Allemagne reçoit l'olivier avec des transports d'allégresse, et ses habitants témoignent leur joie en vidant des cruches au large ventre.

Les Espagnols, à la nouvelle de la paix, se livrent à leur plaisir favori, et exécutent des danses gracieuses.

Les Hollandais se livrent au commerce avec une nouvelle activité.

On remarque sur la cheminée un magnifique portrait de Louis XV, par LEMOINE.

Dans ce salon se tenait le jeu de la reine ; là, un jour le maréchal de Noailles, placé derrière le fauteuil de madame de Montbason, jouant au reversi, lorsqu'il aperçut dans son jeu le valet de cœur, s'écria : « Ah ! madame la marquise a le quinola ! — Je vous prie, monsieur le duc, de ne pas dire quand j'ai le quinola, » dit la dame toute fâchée. M. de Noailles s'inclina en promettant d'être plus discret. Mais, lorsque le valet de cœur revint dans le jeu de la marquise, le duc s'écria : « Ah ! madame la marquise ! — Monsieur le duc, je vous prie, quand j'ai le quinola, de ne pas dire ainsi : Ah ! madame la marquise ! » Nouvelle révérence et nouvelle promesse. Mais, quand revint le quinola, M. de Noailles, fixant les yeux d'un air d'admiration sur le jeu de madame de Montbason, cria : « *Ah !* » et la marquise, se retournant impatientée, lui dit : « Monsieur le duc, quand j'ai le quinola, je vous prie de ne pas crier : *ah !* » Enfin, le quinola revint une quatrième fois, et M. de Noailles, alors distrait, n'aurait probablement rien dit ; mais la marquise, qui craignait quelque nouvelle indiscrétion, se retourna pour lui dire : « Monsieur le duc, je vous prie de ne rien dire, si j'ai le quinola. » Chacun comprit que le valet de cœur était dans son jeu ; le duc de Noailles en rit comme un fou, et toute la société avec lui.

Chambre à coucher de la Reine (101).

Les belles peintures du plafond, détruites en 1752, ont été remplacées par divers ornements de sculpture et de dorure ; alors aussi Boucher orna les quatre angles de cartouches peints en camaïeu, et sur lesquels il représenta *la Charité*, *la Libéralité*, *la Fidélité* et *la Prudence*, vertus que possédait au plus haut degré Marie Leksinska, qui mérita le surnom de *bonne reine*. Restout peignit au-dessus des portes le dauphin Louis, père de Louis XVI, de Louis XVIII et de Charles X, et deux de ses sœurs, mesdames Adélaïde et Victoire, présentées à la France par la Jeunesse et la Vertu. Charmante composition !

Là mourut Marie-Thérèse, qui aurait bien désiré qu'à sa devise : *Fœcundis ignibus ardet*, Louis XIV ne substituât jamais : *Nec pluribus impar*.

Là Marie Leksinska faisait chaque soir, à haute voix, la prière du soir. Le maréchal de Saxe y assista un jour, et s'agenouilla comme tout le monde dans un fauteuil devant le grand crucifix placé en face du lit de la reine. Aux litanies, la reine nommait seule le saint ou la sainte, et chacun répondait : *ora pro nobis*.

La monotonie de cette répétition et aussi les fatigues

de la journée plongèrent le maréchal dans un profond sommeil. Toute l'assemblée était déjà levée, que lui seul, appuyé sur le dos du fauteuil, paraissait plongé dans une profonde méditation. On croyait presque à sa conversion; la reine, pour mettre un frein à sa ferveur naissante, lui dit : « Allons, monsieur de Saxe, c'est assez pour une première fois, ne vous fatiguez pas. » Réveillé par la voix de la reine, le maréchal, qui ne croyait pas avoir dormi, répéta, à plusieurs reprises et à haute voix : *ora pro nobis*, *ora pro nobis*. La reine ne savait si elle devait rire ou se désoler; elle résolut de ne plus inviter le maréchal à ses prières du soir.

Là aurait dû mourir paisible dans son lit la reine Marie-Antoinette !

Louis-Philippe a fait mettre dans cette pièce le Siège de Lille en 1667, par FRANCQUE, d'après LEBRUN et VANDER MEULEN; un combat près du canal de Bruges, par LEBRUN et VANDER MEULEN, et la prise de Dôle en 1668, par TESTELIN.

Salon de la Reine (102).

Michel Corneille a peint sur le plafond Mercure, protecteur des sciences et des arts, et dans les voussures Pénélope travaillant à la tapisserie dont elle détruisait la nuit l'ouvrage fait pendant le jour; la sensible amante de Phaon, Sapho, accompagnant sur la lyre les odes que lui inspirait l'Amour; l'amante de Périclès, la célèbre Aspasie de Milet, conversant avec des philosophes.

Sur les dessus de portes, Reynaud, vers 1770, a représenté le Dessin sous les traits de Coré, fille de Dibutades, dessinant l'ombre de son amant; et la Statuaire, sous les traits de Pygmalion amoureux de sa Galatée.

On remarque dans ce salon : le Baptême de Louis de France en 1668, par Dieu, d'après Le Brun; l'*Établissement de l'Hôtel royal des Invalides*, vers 1671; par Le Brun et Dulin, enfin, *Louis XIV visitant l'établissement des Gobelins*, destiné alors, non pas exclusivement aux tapisseries, mais à toutes sortes d'ouvrages. Colbert y avait réuni, vers 1666, des graveurs, des ciseleurs, des ébénistes, etc.

Des chefs-d'œuvre dans tous les genres sortirent pendant longtemps de ces nombreux ateliers. On n'y fait plus aujourd'hui que des tableaux en tapisseries et des tapis de pied. Les meubles en tapisseries sortent presque tous de la succursale de Beauvais.

Les quatre portraits représentent Louis XIV et deux de ses petits fils; Philippe V, roi d'Espagne; et Charles, duc de Berri avec Élisabeth d'Orléans, duchesse de Berry.

Là se trouvaient, le 10 mai 1774, le dauphin et Marie-Antoinette, lorsqu'un bruit terrible et absolument semblable à celui de tonnerre se fit entendre dans la première pièce de l'appartement : c'était la foule des courtisans qui désertaient l'antichambre du souverain expiré, pour venir saluer la nouvelle puissance de Louis XVI. A ce bruit, Marie-Antoinette et son époux comprirent qu'ils allaient régner, et par un mouvement spontané, qui remplit d'attendrissement ceux qui les entouraient, tous deux se jetèrent à genoux; tous deux, en versant des larmes, s'écrièrent : *Mon Dieu, guidez-nous; protégez-nous; nous régnons trop jeunes.* (Madame de Campan.)

Salon du grand couvert de la Reine (103).

On admire au plafond un magnifique tableau de P. Véronèse, fruit de nos conquêtes en Italie ; il représente saint Marc accompagné de la Foi, de l'Espérance et de la Charité ; des anges le transportent au ciel.

Les tableaux des voussures, en camaïeu rehaussé d'or, sont de Ch. Vignon et de Paillette : c'est Rhodogune jurant de ne pas se coiffer avant d'avoir vengé la mort de son mari ; Harpalice brisant les fers dont les Gètes ont chargé le législateur de Lacédémone ; Clélie s'échappant à cheval du camp de Porsenna ; Hipsicratée qui a renoncé à sa belle chevelure et appris à monter à cheval pour accompagner partout Mithridate ; Zénobie, reine de Palmyre, aussi célèbre par son courage que par sa science et sa vertu ; Artémise, dont Xerxès se repentit de n'avoir pas suivi les sages conseils.

Tant que vécut Marie-Thérèse, Louis XIV dîna souvent à *son grand couvert* dans ce salon. Après la mort de la reine, ses appartements furent fermés. Le roi ne les fit ouvrir pendant quelques jours que pour y exposer à l'admiration de la cour les superbes ornements qu'il envoyait à l'église de Strasbourg.

Marie Leksinska suivit constamment la coutume fatigante de dîner tous les jours en public. Marie-Antoinette l'observa tant qu'elle fut dauphine. Pendant longtemps ; ce fut pour les provinciaux un bonheur d'assister au dîner de la cour ; l'habileté de Louis XV à casser avec sa fourchette la coque d'un œuf, le bonheur de ce petit Armand que Marie-Antoinette avait rencontré près de Luciennes, admis à manger avec sa mère adoptive ; la dauphine attachant ses yeux sur les dentelles et l'écharpe rose à franges d'argent de son protégé, de peur qu'ils ne tombassent sur la figure pâle et hâve de ce Castelnaux, qui, pendant dix années consécutives, resta sans bouger en présence de Marie-Antoinette et la poursuivit à son jeu, à sa table, à la chapelle, au spectacle, à Fontainebleau, à Saint-Cloud, sans que la reine ait eu la force de le faire priver *du bonheur d'être libre* ; la sobriété de la dauphine, qui ne buvait que de l'eau ; l'avidité avec laquelle le dauphin avalait une cuisse de poulet ; les friandises servies sur la table de madame Victoire, alimentaient la conservation pendant une quinzaine de jours. Et un seul jour suffisait pour voir tout cela : car, « à l'heure du dîner, dit madame de Campan, on ne rencontrait dans les escaliers que de braves gens qui, après avoir vu madame la dauphine manger sa soupe, allaient voir les princes manger leur bouilli, et couraient ensuite, à perte d'haleine, pour voir mesdames manger leur dessert. »

Le roi a fait placer dans ce salon deux tableaux d'Antoine Dieu : *Louis de France, duc de Bourgogne, présenté à Louis XIV en* 1682 ; et le *Mariage du duc de Bourgogne avec Marie-Adélaïde de Savoie* ; deux de Vander-Meulen : *Siége de la ville et des châteaux de Namur en* 1692, et *la Prise de*

Charleroy en 1693; *la Réparation du doge de Gênes*, par GUY HALLÉ, et le tableau du baron GÉRARD représentant le *duc d'Anjou déclaré roi d'Espagne*. Là aussi sont réunies quatre femmes qui possédèrent tour à tour le cœur du grand roi : la coquette princesse de Soubise, la sensible La Vallière, l'altière Montespan et madame de Maintenon, dont la société pleine de charmes adoucit pour Louis XIV les ennuis inséparables de la grandeur et de la vieillesse.

Antichambre ou salle des Gardes de la Reine (104).

Coypel le père a consacré le plafond à Jupiter qu'il a représenté dans un char d'argent tiré par deux aigles. Dans les cintres de la voûte, il a peint Solon défendant ses lois; Ptolémée Philadelphe donnant la liberté aux juifs de ses états; Trajan recevant des placets, et Sévère faisant distribuer du pain pendant une famine; aux angles sont les récompenses et les punitions de la justice, le soulagement des besoins et l'affranchissement.

Ce fut dans cette salle que, la nuit du 5 au 6 octobre, furent égorgés les infortunés Varicourt et Deshuttes, gardes de la reine.

Louis-Philippe a fait placer sur la cheminée la statue de la duchesse de Bourgogne, en Diane chasseresse, par Coysevox, et la famille du grand dauphin, d'après Mignard.

Ancien magasin des Gardes, aujourd'hui salle de l'Empire (130).

Là se réunissaient autrefois les gardes du corps pour remplir les divers services auxquels ils pouvaient être appelés. Le roi y faisait la Cène le jeudi-saint, et plusieurs lits de justice y ont été tenus.

C'est aujourd'hui la salle de l'Empire; sur le plafond

Salle de l'Empire.

a France, entourée de Victoires, foule aux pieds ses ennemis terrassés; Gérard a peint au-dessus des portes la Providence, la Force, le Courage et le Génie. Les trois grands tableaux qui ornent cette salle ont été faits pour immortaliser les journées du 25 juillet 1799, du 2 et du 5 décembre 1804. Dans la première, le général Bonaparte, vainqueur de l'armée turque, lava l'humiliation attachée au nom d'Aboukir par le désastre de notre flotte. Dans la deuxième, proclamé empereur par le vœu de la nation, il posa lui-même sur sa tête la couronne de Charlemagne, à laquelle il devait joindre bientôt, comme ce grand roi, la couronne de fer de Milan; dans la troisième, il distribua aux divers corps de l'armée ces drapeaux glorieux qu'ils ne devaient rapporter dans la patrie que noircis par la poudre, déchirés par la mitraille, après leur avoir fait visiter les capitales de l'Europe.

Le premier de ces tableaux est du baron Gros; les deux autres, du célèbre David.

Dans cette salle aussi sont les portraits des deux femmes que Napoléon appela à partager son existence,

Joséphine.   Marie-Louise.

Joséphine, dont l'esprit supérieur prépara la révolution du 18 brumaire, et dont l'empereur récompensa si mal l'amitié ; Marie-Louise, qui partagea la grandeur de l'empereur sans s'associer aux revers qui suivirent ses jours de gloire.

Escalier de Marbre (105).

Les marbres les plus riches, l'élégance de la coupe et de belles peintures de Meusnier pour la perspective, de Fontenay pour les fleurs, et de Poërson pour les figures, font de cet escalier un des plus beaux qu'on puisse voir.

Sur le marbre noir, appui de cette riche balustrade, dont les balustres sont en marbre de Rance, était appuyé Louis XIV lorsqu'il adressa au Grand-Condé, qui montait l'escalier avec peine, ce compliment dont la vérité doublait le prix : « *Mon cousin, ne vous pressez pas ; on ne saurait marcher plus vite quand on est aussi chargé de lauriers que vous l'êtes.* »

Vestibules de l'escalier de Marbre (de 34 à 39).

Le roi a fait placer dans les divers vestibules qui conduisent à l'escalier de Marbre un grand nombre de statues et de bustes des hommes les plus célèbres dans tous les genres.

On trouve dans le vestibule (39) :

Claude Perrault, l'auteur de la colonnade du Louvre. Buste, par Thérasse.

René Descartes, l'émule de Newton. Statue par Sajou.
Winckelman. B.
P. Lescot, architecte de François 1er et de Henri II. B.
N. Poussin, premier peintre de Louis XIII. B. Blaise.
Claude Gelée, dit Lorrain, peintre. B. Masson.
N. Poussin. St. Dumont fils.
Lesueur, peintre. B. Roland.
J. Goujon, célèbre sculpteur. B. Francin.

Et dans le fond quatre statues :

La statue de P. Corneille, par Laitié.
Celle de Molière, par Duret.
Celle de La Fontaine, par Laitié.
Celle de J. Racine, par Lemaire.

On voit dans le vestibule (37) :

Le buste de Mignard ; celui de P. Pujet, par Delaistre, et la statue de Louis XIV enfant, par Guillain.

Le vestibule (36) renferme neuf bustes :

Alexis Piron, par *Pigalle*.	J.-B. Rousseau, par *Farochon*.
Le comte de Buffon.	Crébillon, par *Pigalle*.
	Santeul.
Voltaire, par *Houdon*.	J.-J. Rousseau, par *Boyer*.
Jacques Delille.	Caron de Beaumarchais, par *Houdon*.

Le vestibule (35) renferme huit bustes :

J. Racine, par *Matte*.	La Fontaine, par *Ramus*.
P. Corneille, par *Matte*.	Boileau-Despréaux, par *Liotard de Lambesc*.
J. Rotrou, par *Maindrou*.	Molière, par *Lequien*.
J.-F. Regnard, *Maindrou*.	Th. Corneille, par *Chenillon*.

Au pied de l'escalier de Marbre est la statue de Philippe II d'Orléans, régent du royaume, par FOYATIER.

Le vestibule (34) renferme six bustes :

Colbert, par *Coysevox*.
Le Nôtre, par *Gourdel*.
Mansard, par *Gourdel*.
Ch. Le Brun, par *Coysevox*.
Coysevox, par lui-même.

Petit salon de l'escalier de Marbre (106).

On voit dans cette antichambre le buste de Louis XIV et celui de Louis XV.

Salles des Campagnes de 1793, 1794 et 1795 (134, 135, 132 et 131).

Les quatre salles affectées à ces campagnes font partie des bâtiments élevés par Mansard, pour unir les deux ailes de Levau au château de Louis XIII, après qu'il eut comblé le large et profond fossé au-delà duquel Levau avait commencé ses constructions.

On aime à se retrouver dans les camps où se réfugia l'honneur national banni de la capitale par l'injustice, l'émeute et les massacres. C'est avec plaisir que l'on examine dans la salle (134) neuf tableaux des exploits de 1795.

516. Flotte batave, gelée dans le Texel, prise par des hussards français (1795).
517. Prise de Roses.

518. Prise de Luxembourg. Renoux.
519. Entrée de l'armée française à Bilbao.
521. Combat de Succarello. Cl. Boulanger.
522. Bataille de Loano. Bellangé.
582. Bataille d'Altenkirken (1796).
583. Passage du Rhin à Kehl. Toussaint Charlet.

Dans la salle (133), neuf tableaux de l'année 1794 :

496. Prise du petit Saint-Bernard (1794). Pingret.
498. Prise du camp du Boulou. Renoux.
504. Combat de la Croix-des-Bouquets (Pyrénées orientales). Renoux.
508. Prise d'Anvers. Caminade.
509. Prise de Bellegarde. Renoux.
512. Prise de Maëstricht. Eug. Lami.
514. Combat de N.-D. del Roure et Llers. Renoux.
515. Prise de l'île de Bommel. Renoux.
520. Passage du Rhin à Dusseldorf (1795). Beaume.

Dans la salle (132), dix-neuf tableaux des années 1793 et 1794 :

481. Combat de Tirlemont et de Goizenhoven (1793). Jouy.
482. Prise du camp de Pérule. Ad. Roehn.
483. Combat du Mas de Roz. Renoux.
485. Bataille de Peyrestortes. Id.
486. Entrée de l'armée française à Moutiers. Cl. Boulanger.
488. Combat de Gillette. Alph. Roehn.
493. Combat de Geisberg. Eug. Lami.
494. Combat de Monteilla (1794). Renoux.
495. Combat d'Arlon. Despinassy.
497. Combat de Moucron. Mozin.
500. Combat de Turcoing. Jollivet.

501. Combat de Marchiennes, passage de la Sambre.
502. Combat de Hooglède. Jollivet.
503. Prise d'Ypres. Philippoteaux.
505. Prise de Charleroi.
507. Bataille de Fleurus. Bellangé.
510. Combat d'Aldenhoven, prise de Juliers et passage de la Roër. Mozin.
511. Combat et prise de Coblentz. Raffet.
515. Bataille de la Muga. Grenier.

Dans la salle (151), treize tableaux des années 1792 et 1795 :

460. Prise de Chambéry (1792). Ad. Roehn.
463. Prise de Villefranche et invasion du comté de Nice.
466. Entrée de l'armée française à Mayence. V. Adam.
474. Siége et prise d'Anvers. Philippoteaux.
475. Combat de Varoux. V. Adam.
478. Siége et prise du château de Namur. Cl. Boulanger.
479. Prise de Bréda (1795). Hipp. Lecomte.
480. Prise de Gertruydenberg. Id.
484. Bataille de Hondschoote. Eug. Lami.
487. Bataille de Watignies. Id.
490. Reprise de la ville et du port de Toulon. Péron.
491. Prise de Menin. Vict. Adam.
492. Combat de Werdt. Id.

Salle de 1792 (155).

Cette salle sera pour de nouveaux Thémistocles les trophées de Marathon. Une louable émulation enflammera toutes les classes à la vue de ces simples soldats que quelques années plus tard on retrouve les plus glorieux soutiens du premier trône du monde. C'est une idée vraiment royale d'avoir réuni sous leurs simples uniformes les soldats que leur mérite a élevés aux premiers rangs. Qui donc oserait désespérer de l'avenir en passant dans la salle de 1792? Voilà le plus noble et plus éloquent enseignement qui se pût donner à la jeune France et dont elle méritera l'honneur.

Dans la salle de 1792, un tableau de Coignet représente *des Enfants de Paris* que le cri : *la patrie est en danger!* a métamorphosés en héros; le pinceau de Mauzaisse les a mis en présence des ennemis à Valmy (20 août 1793). Effrayés un instant par une vive décharge d'artillerie, ils se remirent bientôt de cette première frayeur, et prouvèrent que l'amour de la patrie agit sur tous les cœurs; les *gamins de Paris* se firent en une journée des soldats aguerris. Là ils avaient arrêté dans leur marche présomptueuse les Prussiens commandés par le duc de Brunswick; à Jemmapes (5 novembre), ils devaient ouvrir à Dumouriez toutes les places de la Belgique. Ces deux journées furent le prélude des victoires qui ont assuré à la France une immense prépondérance.

On voit en outre dans cette salle trois petits tableaux :

459. Combat dans les défilés de l'Argonne. Eug. Lami.
472. Entrée de l'armée française à Mons. Bellangé.
475. Combat d'Anderlecht. Id.

Soixante-douze portraits ornent cette salle; dus aux pinceaux de trente-six artistes différents, ils représentent sous leur costume de 1792 des personnages que l'on rencontre ailleurs empereurs, rois ou maréchaux.

Par Amédée Faure.

1640. Bonaparte, lieutenant-colonel au 1er bataillon de la Corse. Il passa bientôt général, puis empereur. Mort en 1821.
1656. Ant.-Philippe d'Orléans, duc de Montpensier, lieutenant-colonel, mort dans l'exil en 1807.

Par Court.

1641. Le comte de Custine, lieutenant-général en 1791. Il devint bientôt général en chef des armées françaises. Décapité en 1793.
1646. Armand-Louis de Gontaut, duc de Biron, lieutenant-général; la même année général en chef; décapité en 1793.
1646. Le marquis de Lafayette, général en chef en 1791; en 1830, général en chef des gardes nationales. Mort en 1835.

Par Dubufe.

1642. Le marquis de Montesquiou, lieutenant-général en 1791, l'année suivante général en chef. Mort en 1798.

Par Heim.

1643. Pierre Riel, comte de Bournonville, lieutenant-général; en 1816, maréchal de France. Mort en 1821.

Par Rouget.

1644. Alexandre vicomte de Beauharnais, maréchal-de-camp; en 1793, général en chef. Décapité en 1794.
1651. François Kellermann, général en chef; en 1804, duc de Valmy, maréchal de France. Mort en 1820.
1658. François Miranda, lieutenant-général, mort dans les prisons de Cadix en 1816.

1669. Bertrand Clausel, capitaine; comte Clausel, maréchal de France en 1831.
1671. Emmanuel marquis de Grouchy, colonel; maréchal de France depuis 1831.
1675. Claude Périn Victor, lieutenant-colonel; duc de Bellune, maréchal de France en 1807.
1683. Victor Guy Duperré, matelot; baron Duperré, amiral en 1830.
1686. Laurent Gouvion Saint-Cyr, capitaine; marquis de Gouvion Saint-Cyr, maréchal de France en 1812.
1688. Jean-Nic. Houchard, général de brigade; bientôt après général en chef. Décapité en 1793.
1710. Viesse de Marmont, lieutenant d'état-major d'artillerie; duc de Raguse, maréchal de France en 1809.

Par Blondel.

1645. Cyrus, comte de Valence, lieutenant-général; bientôt après général en chef; sénateur en 1805; pair de France en 1819.

Par Couder.

1647. Le baron de Lukner, maréchal de France en 1791; général en chef en 1792. Décapité en 1794.

Par Larivière.

1688. Le comte de Rochambeau, maréchal de France en 1791; général en chef en 1792; grand-officier de la Légion-d'Honneur en 1803.
1690. Ét.-Maurice Gérard, volontaire; comte Gérard, maréchal de France en 1830.
1698. Georges Mouton, capitaine; comte de Lobau, maréchal de France en 1831.
1699. Joseph Mortier, capitaine; duc de Trévise, maréchal de France en 1804.

Par Rouillard.

1660. Ch.-F. Dumouriez, lieutenant-général; la même année général en chef. Mort dans l'exil en 1825.

Par Cogniet.

1652. Louis-Philippe d'Orléans, duc de Chartres, lieutenant-général; roi des Français depuis 1830.
1695. Nicol.-Joseph Maison, grenadier; marquis Maison, maréchal de France en 1829.

Par Goyet.

1655. Le baron de Wimpfen, lieutenant-général. Mort en 1800.

Par Belloc.

1654. Arthur comte de Dillon, lieutenant-général. Décapité en 1794.

Par Thévenin.

1655. Desprez de Crassier, lieutenant-général; en 1798, général en chef.
1678. Charles Augereau, adjudant-major; duc de Castiglione, maréchal de France en 1804.

Par Monvoisin.

1657. Nic. Beaurepaire, lieutenant-colonel, commandant de Verdun. Il aima mieux mourir que de se rendre.
1659. Le comte de Dampierre, maréchal de camp; en 1793, général en chef. Mort au champ d'honneur.
1684. Charles Oudinot, lieutenant-colonel; duc de Reggio, maréchal de France en 1804.

Par François Dubois.

1660. Daniel Belliard, capitaine; comte Belliard, général de division en 1800, colonel-général des cuirassiers en 1812.

Par Schwiter.

1665. Maurice Hatry, chef de bataillon; en 1793, général de division; en 1799, sénateur.

Par Durupt.

1662. Ant. Richepanse, lieutenant au 1er de chasseurs à cheval; en 1799, général de division.

Par Libour.

1664. Joseph Lecourbe, lieutenant-colonel; en 1799, général de division; comte Lecourbe, grand-officier de la Légion-d'Honneur; inspecteur d'infanterie en 1814.

Par Grégorius.

1712. Sébastien Foy, lieutenant d'artillerie; comte Foy, général de division en 1810.

Par Steuben.

1705. Antoine Desaix de Veigoux, capitaine; en 1794, général de division. Mort au champ d'honneur en 1800.

Par Bouchot.

1702. Nic.-Marguerite Carnot, capitaine de génie; en 1794, général de division; comte Carnot, pair de France en 1815. Mort dans l'exil en 1825.

1703. Ét. Championnet, lieutenant-colonel; en 1798, général en chef. Mort en 1799.

1706. Jean-Fr. Coquille Dugommier, maréchal de camp, bientôt après général en chef. Mort au champ d'honneur en 1794.

1707. Barthélemy-Catherine Joubert, sous-lieutenant; en 1796, général de division; en 1798 général en chef. Mort au champ d'honneur la même année.

1711. Victor Moreau, lieutenant-colonel; en 1794, général de division; en 1796, général en chef. Frappé d'un boulet de canon sous les murs de Dresde, et mort cinq jours après, entre les bras de l'empereur Alexandre.

Par Philippoteaux.

1704. Louis Reynier, canonnier; en 1796, général de division. Mort en 1814.

Par Vinchon.

1655. Joseph-Maurice Marceau. Volontaire; en 1793, général de division. Mort au champ d'honneur en 1796.
1675. Guillaume Brune, capitaine adjoint aux adjudants-généraux; comte Brune, maréchal de France en 1804.

Par Paulin Guérin.

1664. Aubert Dubayet, général de brigade; général en chef, bientôt après; en 1797, ministre de la guerre et ambassadeur à Constantinople. Mort la même année.
1666. Le comte d'Hédouville, capitaine; en 1797, général en chef; en 1801, sénateur; en 1814, pair de France.
1672. François Truguet, capitaine de vaisseau; comte Truguet, amiral en 1831.
1676. J.-Bapt. Bessières, adjudant.; duc d'Istrie, maréchal de France en 1814.
1677. Jean Lannes, sous-lieutenant; duc de Montebello, maréchal de France en 1804. Mort au champ d'honneur à Essling.
1696. Joachim Murat, sous-lieutenant; grand-duc de Clèves et de Berg; maréchal de France en 1804; en 1808, roi de Naples. Fusillé en 1815.
1701. J.-Bapt. Kléber, lieutenant-colonel; en 1799 général en chef. Assassiné en Égypte.
1709. Levassor de la Touche-Trivelle, contre-amiral; en 1804 vice-amiral. Mort la même année.

Par Delanoe.

1667. Philibert Serrurier, lieutenant-colonel; comte Serrurier, maréchal de France, en 1804. Mort en 1825.

Par Amiel.

1668. Pérignon, lieutenant-colonel; marquis de Pérignon, maréchal de France. Mort en 1819.
1689. Charles Bernadotte, lieutenant; prince de Pontecorvo, maréchal de France en 1804; depuis 1818, Charles-Jean XIV, roi de Suède et de Norwège.

Par Caminade.

1670. Law de Lauriston, capitaine d'artillerie; marquis de Lauriston, maréchal de France, en 1823.
1674. J.-Claude Pichegru, adjudant d'artillerie; en 1795 général en chef. Mort au Temple en 1804.

Par Lépaule, d'après le baron Gros.

1679. L.-Alex. Berthier, maréchal-de-camp; prince de Neufchâtel et de Wagram, maréchal de France en 1804.

Par Alexis Pérignon.

1680. Louis-Nic. Davoust, lieutenant-colonel; duc d'Auerstaëdt, prince d'Ekmühl, maréchal de France en 1804.

Par Adolphe Brune.

1681. Joseph Molitor, capitaine; maréchal de France en 1823.
1700. Michel Ney, sous-lieutenant de hussards; duc d'Elchingen, prince de la Moskowa, maréchal de France en 1804. Fusillé en 1815.

Par Washmutt.

1682. André Masséna, lieutenant-colonel; duc de Rivoli, prince d'Essling, maréchal de France en 1804. Mort en 1820.

1687. Joseph Lefebvre, capitaine; duc de Dantzick, maréchal de France en 1804. Mort en 1820.

Par Raverat.

1685. Gabriel Suchet, lieutenant-colonel; duc d'Albuféra, maréchal de France en 1811. Mort en 1826.
1697. Jean-de-Dieu Soult, sergent; duc de Dalmatie, maréchal de France depuis 1804.
1708. Andoche Junot, sergent; duc d'Abrantès, général de division en 1801. Mort en 1813.

Par Cl. Lefebvre.

1691. Louis-Lazare Hoche, capitaine; en 1793 général en chef. Mort au champ d'honneur.
1692. Bon-Adrien-Jannot de Moncey, capitaine; duc de Conégliano, maréchal de France depuis 1804.

Par mademoiselle Volpelière.

1693. J.-Baptiste Jourdan, lieutenant-colonel; comte Jourdan, maréchal de France en 1804.

Par Rioult.

1694. Alexandre Macdonald, capitaine; duc de Tarente, maréchal de France en 1809.

Salles des Gouaches (140).

Le public n'est pas encore admis à visiter les huit salles affectées aux aquarelles de Bagetti et de Siméon Fort; précieuse collection qui comprend toutes nos campagnes depuis 1795 jusqu'à 1809. Plus tard, sans doute, on pourra étudier là les siéges et les combats, peu nombreux il est vrai, qui ne se trouvent pas dans les autres galeries.

Façade occidentale du Château.

(Voir la gravure du Frontispice.)

C'est là véritablement la façade du château de Louis XIV, la plus grande et la plus belle peut-être qui soit au monde. Sur un développement de six cents mètres environ, elle offre une façade de quatre cent vingt-cinq mètres ; car les deux côtés, en retour du corps principal de quatre-vingt-huit mètres chacun, sont dérobés aux regards, et cette grande avance favorise le coup d'œil général en interrompant la ligne, dont l'excessif prolongement eût été disgracieux.

Mansard a développé, au premier étage, toute la richesse de l'ordre ionique ; au-dessus règne un ordre attique qui avait autrefois pour couronnement une longue suite de vases élégants et de magnifiques trophées.

Dix-huit péristyles ioniques supportant une corniche qui sert de console à autant de statues qu'il y a de colonnes, c'est-à-dire à soixante-quatre, préviennent heureusement la monotonie que l'on avait à redouter d'un si long développement. Ces statues, hautes de quatre mètres vingt centimètres (environ douze pieds sept pouces), sont dues au ciseau des plus grands sculpteurs, *Marsy*, *le Comte*, *Massou*, *Legros*, *Mazeline*, *Magnier*, etc., et représentent les saisons, les mois, des divinités, des nymphes, des vertus et des arts. Du reste, la hauteur où elles sont placées ne permet guère de les bien distinguer. Outre les statues placées sur les corniches, il y en a d'autres encore dans des niches; toutes sont remarquables; mais les regards se portent particulièrement sur les quatre statues en bronze qui décorent la terrasse du château. Fondues d'après l'antique, par les *Keller*, elles représentent, en commençant par la gauche ou le côté N., Bacchus adolescent, Apollon Pythien, Antinoüs, et Silène tenant dans ses bras le jeune Bacchus. Quant aux deux beaux vases de marbre blanc placés aux deux extrémités de cette terrasse, celui du Nord est orné d'un bas-relief, où *Coysevox* a sculpté la Victoire de Saint-Godard, remportée sur les Turcs le 1er août 1664 par les impériaux, sous la conduite de Montecuculli, secondés par six mille Français, etc.; et la soumission de l'Espagne au sujet de l'insulte faite par le baron de Batteville au comte d'Estrades, ambassadeur de Louis XIV à Londres.

Le vase du midi a pour bas-relief les conquêtes de Louis XIV en Flandre, dans la glorieuse campagne de 1667, par *Tuby*.

JARDINS.

Avant de parcourir les jardins, admirons le magnifique point de vue dont on jouit, placé sur le parterre d'Eau, le dos tourné au château. En face s'étend la large allée du Tapis-Vert, que la pièce de Latone et deux parterres agréables précèdent d'une manière si heureuse, et que terminent noblement le bassin d'Apollon et le grand canal.

A droite, le parterre du Nord avec sa riche végétation, la belle fontaine de la Pyramide, l'allée d'eau, la pièce du Dragon et surtout le magnifique bassin de Neptune.

A gauche, le parterre des Fleurs, l'Orangerie et la vaste pièce d'eau des Suisses.

Nulle part, sans doute, tant de beautés, tant de merveilles ne frappent à la fois les yeux étonnés ; alors surtout on admire tout ce qu'il y avait de puissance dans le génie de *Le Nôtre*, et de justice dans les récompenses que Louis XIV, qui admirait partout le beau et le grand, se plut à lui prodiguer.

En faisant la description des jardins, nous mentionnerons successivement les nombreux changements opérés depuis Louis XIV, mais nous devons prévenir d'abord qu'il n'existe plus un des arbres plantés sous son règne. Ils étaient si anciens et leur ombrage si épais, que Louis XVI, frappé des scènes scandaleuses, des crimes même qu'ils favorisaient, les fit abattre en 1775. La plantation que nous admirerons ne date donc que du règne de Louis XVI.

Parterre d'Eau.

Le nom de parterre d'Eau, donné à la vaste terrasse située derrière le château, et qui domine tout le parc, tire son origine de l'état de cette terrasse en 1674.

Alors il n'y avait pas seulement comme aujourd'hui deux bassins, la terrasse presque entière était couverte d'eaux, au milieu desquelles s'élevaient quelques îles; d'étroites allées sablées séparaient seules les nombreuses pièces d'eau dessinées avec une agréable variété.

Les deux grands bassins oblongs et cintrés aux quatre angles sont bordés de tablettes de marbre blanc; tout autour sont des fleuves, des rivières, des nymphes et de charmants groupes d'enfants, modelés par divers artistes et fondus par les *Keller*, quelques-uns par *Aubry* et *Roger*.

Le Rhône, modelé par *Tuby*, et la Saône, par *l'Espingola*; deux groupes d'Amours, par *le Gros*; des Nymphes avec un Amour ou avec un Zéphir, par *le Hongre*.

La Marne, par *Magnier*, et la Seine, par *Regnaudin*.

Un groupe d'Enfants; une Nymphe appuyée sur un vase, par *Raon*; une autre Nymphe appuyée sur un dauphin, par *le Gros*; un groupe d'Amours.

Autour du second bassin, la Garonne et la Dordogne, par *Coysevox*; deux groupes d'Amours; une Nymphe tenant un oiseau, par *le Gros*; une autre Nymphe avec des bijoux, par *Raon*; le Loiret et la Loire, par *le Hongre*; deux groupes d'Amours; une Nymphe avec un Amour, par *Regnaudin*; une autre Nymphe appuyée sur une coquille, par *Magnier*.

Partie septentrionale des jardins.

Pour voir en détail les somptueux jardins du château de Versailles, parcourons d'abord toute la partie septentrionale, en commençant par le parterre du Nord.

Parterre du Nord.

Du parterre d'Eau on descend à celui du Nord par un escalier de marbre blanc ouvert au milieu de la tablette de même marbre qui règne tout le long de ce parterre, et a pour ornement seize vases et deux statues.

Les deux premiers vases en bronze, fondus par Duval, d'après Ballin, sont ornés de médaillons; les deux seconds, en marbre d'Égypte, sont dus, l'un à Mazières, l'autre à Houzeau; les douze autres vases en bronze de moindre dimension ont été fondus par Duval, d'après

Ballin. On y remarque des rosaces en losanges ; de petits amours assis sur les anses et accoudés sur les rebords ; le triomphe de Cérès, à qui on sacrifie un bouc; des cannelures; la fable de Midas et des têtes de satyres.

Des deux statues d'une exécution remarquable, celle de Milicus aiguisant un couteau de sacrifice a été copiée en 1684, à Florence, par Foggini, d'après l'antique. Une pensée douloureuse serre le cœur à la vue du nez ajouté à cette statue, lorsqu'on se rappelle que Louis XVI l'admirait particulièrement, et qu'un monstre eut l'affreuse idée de briser le nez de cette statue et de le placer au Temple dans la serviette du roi. Louis venant dîner trouva ce fragment, qu'il reconnut avoir appartenu à sa statue favorite.

La Vénus pudique est un chef-d'œuvre de Coysevox, qui l'a copiée en 1696, sur l'antique que l'on admire à la villa Borghèse. Elle a près d'elle une tortue, « pour marquer que les femmes vertueuses doivent être aussi retirées dans leurs maisons que cet animal l'est dans son écaille », dit Piganiol, à qui nous laissons l'honneur de cette explication.

Six vases de marbre blanc et trois pièces d'eau concourent à l'ornement de ce parterre, auquel les fleurs et la verdure donnent l'aspect le plus riant.

On ne peut se lasser d'admirer, sur les deux petits vases placés près du bassin de la Pyramide, la grâce de ces jeunes enfants épris du goût de la chasse, et, sur l'autre vase, le mouvement et la vie de ceux qui jouent à la toupie, au cerf-volant, au Colin-Maillard, ou qui prennent plaisir à aller à cheval sur un bâton.

Au milieu des deux carrés qui divisent ce parterre sont deux bassins ronds, de cent soixante-treize pieds de circonférence, et enrichis par Tuby et Lehongre de groupes de tritons et de syrènes réunis autour d'une gerbe dont les différents jets, qui s'élèvent à treize pieds environ, imitent assez bien une couronne de cristal. C'est l'origine du nom des *Couronnes* donné à ces bassins.

Bassin de la Pyramide.

Girardon a eu une heureuse idée en élevant en pyramides quatre cuvettes plus petites les unes que les autres, et en les couronnant d'un vase d'où l'eau s'échappe avec force, et forme, en retombant de cuvette en cuvette, de belles nappes qui vont se perdre dans le chenal inférieur, et de là, dans les Basins de Diane. Ces diverses cuvettes sont portées par des pattes de lion, des tritons, des dauphins et des homards.

À droite, quatre statues sont adossées à la charmille du bosquet de l'Arc de Triomphe : le *Poëme satirique* (3) par *Buyster* : son rire moqueur est l'emblème de la satire ; *l'Asie* (4), par *Roger*, caractérisée par les parfums et les tissus fins qui sont à ses pieds ; le *Flegmatique* (5), dont l'*Espagnandel* a figuré la lenteur par une tortue, et le *Poëme héroïque* (6), auquel *Drouilly* a donné les traits du grand roi.

Bains de Diane.

Revenant sur nos pas, avant de descendre *l'allée d'eau*, nous remarquerons les bains de Diane, grand carré, dont les deux faces latérales taillées en triangle rectiligne, et ornées par *Lehongre* et *Legros* de dauphins, de nymphes et d'enfants, unissent à la face du nord la face plus exhaussée du sud, sur laquelle Girardon a sculpté avec un art merveilleux les nymphes de Diane au bain ; une rivière et un fleuve, appuyés sur leur urne, avec un abandon de vérité tout à fait frappant. Quand les eaux jouent, une vaste nappe et le jet de quatre mascarons produisent un bel effet.

Aux deux angles de l'allée d'Eau, sont adossées à la charmille deux statues : celle de droite (c), couronnée de raisins et jouant de la flûte, est de Jouvenet ; Piganiol prétend que le bouc broutant des raisins est un symbole qui caractérise le *sanguin*. Vaysse, peu content et avec raison de cette explication, y a vu un Bacchus. Les guides et les cicérones ont là, comme ailleurs, copié Piganiol. Mais comment n'a-t-on pas reconnu dans ce joueur de flûte, accompagné d'un bouc, le *Poëme tragique*? Le voisinage du *Poëme héroique* et du *Poëme satirique* aurait dû le faire soupçonner; le bouc, qui fut dans l'origine la récompense des drames appelés de son nom *tragiques*, lève tous les doutes.

<blockquote>
Du plus habile chantre un bouc était le prix.
BOILEAU. *Art poétique*, ch. III, v. 66.
</blockquote>

La statue (d) est de *Houzeau*. L'expression de la physionomie, et le lion pour symbole, indiquent assez l'homme colère.

Allée d'Eau.

(Voir la gravure de la page 205.)

L'allée d'eau est coupée par deux bandes de gazon, sur chacune desquelles sont quatorze groupes de trois enfants en bronze posés sur des socles de marbre blanc, au milieu d'un bassin semblable; ils soutiennent une petite cuvette de marbre du Languedoc, de laquelle s'élève un jet d'eau.

Les deux premiers, par *Legros*, sont de jeunes tritons;

Le troisième et le quatrième, par le même, sont trois enfants, dont l'un cherche à prendre aux autres un bouquet et une grappe de raisin;

Le cinquième et le sixième, une jeune fille et deux amours, par *Lehongre*;

Le septième et le huitième, par *Lerambert*, trois enfants, dont une fille qui danse;

Le neuvième et le dixième, par le même, trois enfants, dont un tient un sifflet à sept tuyaux;

Le onzième et le douzième, deux satyres et une jeune fille, par *Legros*;

Le treizième et le quatorzième, trois thermes, par *Lerambert*.

Le nom de Marmousets, sous lequel ces enfants sont quelquefois désignés, rappelle la vaine tentative que firent de jeunes seigneurs contre le cardinal de Fleury, dont ils crurent en vain pouvoir anéantir le crédit.

Huit autres groupes sont adossés à l'extrémité des charmilles des bosquets de l'Arc-de-Triomphe et des Trois-Fontaines.

Les deux premiers, de *Mazeline*, représentent une jeune fille et trois petits garçons jouant avec des poissons;

Le troisième et le quatrième, par le même, des enfants revenant de la chasse.

Le cinquième et le sixième, par *Buyret*, trois jeunes enfants qui admirent l'eau tombant de la cuvette qui est sur leurs têtes.

Le septième et le huitième, deux jeunes filles, dont l'une tient un perdreau que l'autre agace.

Bassin du Dragon.

(Voir la gravure de la page 205.)

Le bassin du Dragon était admirable, sans doute, lorsque le serpent Python lançait du milieu un jet de quatre-vingt-cinq pieds, et que quatre dauphins et autant de cygnes portaient de petits amours armés d'arcs et de flèches, ou se cachant le visage avec leurs mains, bel ouvrage de Gaspard de Marsy, qui ajoutait à l'effet de ce jet. Ce bassin, dépourvu maintenant de ses brillants ornements, n'a plus conservé qu'un jet d'eau que l'on remarque à peine : car toute l'attention se porte alors sur le magnifique bassin de Neptune, dont le dessin est dû à l'immortel Le Nôtre, et l'exécution au règne de Louis XV.

Bassin de Neptune.

(Voir la gravure de la page 205.)

Une longue tablette, ornée de vingt-deux vases de métal et garnie d'un jet entre chaque vase, règne le long de la façade méridionale de ce bassin ; ces jets et ceux qui s'élèvent de chaque vase, au nombre de soixante-trois, sont reçus dans un chenal, d'où l'eau s'échappe et retombe par des mascarons dans la grande pièce. Les vases, ouvrage des plus habiles sculpteurs, ont des homards pour anses et sont décorés de roseaux et de têtes de Midas.

Placé au nord sur la rampe de gazon qui s'élève autour de la pièce en amphithéâtre, le spectateur admire la beauté et la majesté des groupes dans lesquels Adam aîné et Girardon semblent s'être surpassés.

La majesté de Neptune, armé de son trident, et qui, tout courroucé, prononce le fameux *Quos ego...* ; la grâce divine d'Amphitrite, qui se plaît à contempler les richesses de la mer qu'une naïade déploie à ses yeux ; le ton de vie des tritons, des chevaux et des phoques qui semblent diriger ou traîner le vaste char en forme de coquille, où siégent Neptune et Amphitrite ; tout dans ce groupe frappe et saisit.

Ne dirait-on pas que Bouchardon, nouvel Aristée, a surpris dans son antre le garde-phoques, Protée, dont il offre un si frappant tableau ?

Lemoine, lorsqu'en 1740 il a refait le groupe de l'Océan, n'est pas resté au-dessous d'Adam et de Bouchardon. La beauté de ces groupes est doublée par l'heureux contraste de deux amours montés sur des dragons marins.

Il serait long, sans doute, de décrire en détail toutes les parties de ces groupes admirables ; mais il serait impossible d'en reproduire l'effet magique quand les eaux jouent. Les mille torrents qui s'échappent de toutes parts, simples jets lancés jusqu'aux cieux, gerbes admirables, belles nappes, immenses bouillons, tout s'y réunit ; les eaux déchaînées semblent se faire la guerre pour le plaisir des yeux ; on est saisi, ému, on éprouve un charme indicible.

Dans l'allée demi-circulaire qui borde la partie septentrionale de ce bassin sont trois statues :

A droite, du côté de la ville, *Bérénice*, par l'*Espingola*, d'après l'antique qui est à Rome (le bras droit a été raccommodé).

Au milieu, la *Renommée écrivant l'histoire de Louis-le-Grand*, groupe fait à Rome par *Guidi*, d'après *Lebrun*. L'Envie, dont un serpent entoure le bras et qui déchire un cœur, fait de vains efforts pour ternir la gloire du roi ; elle est foulée aux pieds par le Temps et la Renommée.

A gauche est la statue de Faustine, femme de Marc-Aurèle et mère de Commode. Fremery, dans cette copie, a parfaitement reproduit les traits de l'original : sa petite tête, son visage avancé, ses yeux petits, mais vifs.

Bosquet de l'Arc-de-Triomphe (Fermé).

(Voir la gravure de la page 205.)

Remontant vers l'allée d'Eau, on trouve à gauche le bosquet fermé de l'Arc-de-Triomphe, qui n'a conservé pour ornement que trois groupes en bronze, d'après *Lebrun;* dans le premier, *Tuby* a représenté le Triomphe de la France, *Prou* a figuré dans le deuxième l'Espagne soumise, et *Coysevox*, dans le troisième groupe, l'Empire vaincu.

Bosquet des Trois-Fontaines.

(Voir la gravure de la page 205.)

Dans le bosquet aussi fermé des Trois-Fontaines, à droite, on ne voit plus que des ruines de bassins et de cascades, tristes restes de jets admirables par leur variété.

Les quatre statues adossées à la charmille du bosquet des Trois-Fontaines, sont :

L'Hiver (3), que *Girardon* a représenté sous la figure d'un vieillard presque nu, qui se chauffe les mains à un feu très-ardent; on croit voir le vieillard frissonner.

L'Été (4). *Hutinot* l'a représenté sous la figure de Cérès, qui tient des épis de blé.

L'Amérique (5) : *Guérin* l'a caractérisée par l'arc et les flèches dont il l'a armée; par les plumes dont il l'a coiffée, et surtout par la tête humaine gisant à ses pieds.

L'Automne (6), par *Regnaudin*. C'est Bacchus couronné de raisins.

Allée de Cérès.

Cinq termes décorent le carrefour qui est au commencement de l'allée de Cérès.

Le premier à droite, par *Magnier*, est le célèbre roi d'Ithaque, l'artificieux Ulysse; il tient à la main la fleur dont Mercure lui recommanda l'usage contre les charmes de Circé.

Le deuxième est *Lysias*, par *de Dieu*. La figure de l'orateur porte l'empreinte de son éloquence.

Le troisième est de *Hutrelle*; il représente le philosophe d'Éphèse, qu'Aristote, charmé de son élocution persuasive, appela Théophraste (au langage divin).

Le quatrième est Isocrate, par *Granier*. Il fut le maître d'éloquence de Démosthène.

Le cinquième est Apollonius, par *Melo*. Suivant Piganiol, cet Apollonius est le philosophe stoïcien que l'empereur Antonin fit venir de Chalcis, et qu'il chargea d'élever le jeune Marc-Aurèle, son fils adoptif.

Tourné vers l'allée de Cérès et de Flore, on a, à droite, le bosquet du Rond-Vert, anciennement Théâtre-d'Eau, et, à gauche, le bosquet fermé des bains d'Apollon.

Bosquet du Rond-Vert.

Ce bosquet, dont la figure générale est un rond tracé dans un losange, contient une petite pièce d'eau à l'angle occidental du lozange. C'est un bassin ovale, au milieu duquel est une petite île, où un groupe de six enfants joue avec des guirlandes; deux enfants nagent avec une grâce charmante. La gerbe à gros bouillons s'élève à quarante-huit pieds. A l'angle méridional du losange est un groupe de Goy, d'après l'antique, représentant le satyre Marsias (1) apprenant au bel Olympe à jouer de la *syrinx* ou flûte à sept tuyaux.

A l'angle septentrional est un buste d'*Adrien*, dit-on, en marbre blanc, avec tunique en marbre Portor.

Autour du Rond-Vert, qui a donné son nom à ce bosquet, sont quatre statues d'après l'antique.

1° Diane caressant sa levrette; 2° et 4° des faunes; 3° Bacchus couronné de raisins et tenant une grappe à la main.

(1) On sait généralement que les poëtes appelaient *satyres* des demi-dieux, habitants des forêts et des montagnes, à qui ils donnaient la partie supérieure d'homme avec des cornes à la tête, et la partie inférieure de bête avec des pieds de biche. Une opinion moins connue est celle du rabbin Abraham, qui s'est imaginé que les *satyres* étaient de véritables créatures, mais imparfaites. « Dieu, dit-il, surpris par le soir du sabbat, n'eut pas le temps de leur donner la dernière perfection. »

Bosquet des Bains d'Apollon (Fermé).

C'est, sans contredit, la partie la plus agréable du plus magnifique château du monde.

La vue des arbres exotiques, qui ne croissent que sous des ciels lointains ; un apparent désordre, tel qu'on l'admire dans les déserts de l'Asie, transportent l'imagination bien loin de Versailles, et, à l'aspect d'un énorme rocher dont le sommet est ombragé par des arbrisseaux étrangers, on se croit dans les pays déserts, où la main de l'homme n'a pas essayé de gâter par une mesquine régularité le grand travail de la nature.

Mais bientôt la vue plonge dans une grotte pratiquée sous ces quartiers du roc, et l'art, dans toute sa magnificence, fait presque regretter le plaisir que l'on éprouvait à admirer la nature. Grâces au ciseau de *Girardon* et de *Regnaudin*, on est transporté dans le palais de Thétis. Le dieu du jour, fatigué de la longue carrière qu'il vient de parcourir, s'apprête à goûter les charmes du repos. Six nymphes, heureuse réunion de ces mille attraits que la nature a disséminés dans ses plus beaux ouvrages, s'empressent autour de l'heureux amant de la déesse ; leur humide vêtement ne dérobe aucune de leurs formes gracieuses ; l'une tresse les cheveux du dieu ; deux autres présentent pour les parfumer des vases remplis d'essence ; deux sont occupées à laver et à essuyer les pieds d'Apollon, et la sixième s'apprête à verser sur ses mains une eau pure. Que de grâce ! que de vie dans cet admirable groupe ! quelle délicatesse de ciseau !

Apollon chez Thétis.

Mais aussi, quel mouvement dans les deux groupes placés au sud et au nord ! Ces deux chevaux que les tritons font boire sont-ils l'œuvre de *Guérin* ou de la nature ? *Marsy* ne l'a-t-il pas prise sur le fait dans ces deux autres coursiers, dont l'un serre les oreilles et mord la croupe de l'autre qui se cabre, tandis que le triton lève, pour le retenir, son bras plein de force et de mouvement?

Bassin de Cérès:

Au milieu du carrefour qui est au bout de ces deux bosquets est le bassin quadrangulaire de Cérès ou de l'Été, qui a donné son nom à l'allée. Au centre de ce bassin, *Regnaudin* a représenté Cérès sur des gerbes de blé, une faucille à la main. De jeunes enfants groupés autour de la déesse jouent avec des fleurs qui croissent dans les blés. La gerbe d'eau qui s'élève du milieu du bassin a vingt pieds de haut.

Ce fut là qu'eut lieu, le 7 mai 1664, la *course de bagues*, le premier des plaisirs de l'île enchantée. La description reproduite dans toutes les éditions de Molière mérite d'être lue. La course, où toute la cour de Louis XIV avait figuré sous de brillants costumes de chevaliers, fut suivie d'une somptueuse collation où furent prodiguées les glaces, *nécessaires*, disait mademoiselle Béjart, qui figurait l'hiver,

> Dans une fête où mille objets charmants
> De leurs œillades meurtrières
> Font naître tant d'embrasements.

On sait que ces fêtes furent données suivant l'histoire

à la jeune reine, suivant la chronique à madamoiselle de La Vallière.

Dans ce même endroit fut dressée, en 1667, la magnifique salle de bal, où la verdure, les fleurs et la multiplicité des eaux auxquelles une infinité de lumières disposées avec une rare habileté prêtaient mille nuances diverses, se mariaient avec le bronze, le jaspe, le marbre et le porphyre.

Dans un enfoncement, un vaste rocher, dont l'intérieur était tout embrasé, lançait de ses flancs déchirés des eaux étincelantes qui retombaient en nappes et en cascades dans des coquilles d'argent, d'où elles s'écoulaient avec un doux murmure sur un lit de cailloux d'or et d'autres précieux minéraux.

Les deux bosquets dont on voit l'entrée sont, à droite, le bosquet de l'Étoile, et à gauche le quinconce du Nord, autrefois bosquet du Dauphin.

Bosquet de l'Etoile.

La figure de la salle de l'Étoile est un pentagone inscrit dans un cercle. Elle renferme six statues : 1° Ganymède, tenant la foudre de Jupiter, et caressé par ce dieu métamorphosé en aigle, copié d'après l'antique, par *Joly*; la foudre est brisée, ainsi que la main de Ganimède. 2° Un faune, savourant avec délices l'odeur d'une grappe de raisin. Ces deux statues sont dans l'allée circulaire, du côté de l'allée de Cérès : aux quatre extrémités des quatre petits chemins, qui, partant du centre, aboutissent au pentagone, sont quatre autres statues : au N.-E., Mercure, avec son caducée et son chapeau ailé, sans talonnières; au N.-O., Uranie; au S.-O., Apollon; au S.-E, une Bacchante qui tient à la main une grappe de raisin.

Ce fut au milieu de ce bosquet qu'en 1667 Louis XIV et toute sa cour firent la magnifique collation décrite fort au long dans le récit des fêtes de 1667 [1].

Quinconce du Nord.

(Voir la gravure de la page 225.)

Le quinconce du Nord était appelé autrefois bosquet du Dauphin, et une pièce d'eau en décorait le milieu. Il avait été percé dans le bois par Louis XIII en 1638, et nommé ainsi en l'honneur du jeune prince que la reine, après une longue stérilité, venait de mettre au monde. Il contenait dès lors peut-être les huit termes exécutés par divers sculpteurs sur les dessins de *Poussin*. L'Hiver (8), sous la figure d'un vieillard, par *Théodon*; un Faune antique (9), et Pomone (7) portant des cornes d'abondance; la Terre ou Cybèle (6), couronnée d'épis, avec une corne d'abondance, et la Santé (4), couronnée de lierre; le sculpteur lui a donné le serpent pour symbole; Cérès (2), couronnée d'épis; Flore (1), couronnée de fleurs, et un Satyre (3), jouant de la flûte.

Sortant du quinconce par l'ouverture pratiquée à

---

(1) Œuvres de Molière.

l'ouest, on aperçoit dans l'allée du Printemps un grand vase (5) en marbre blanc, orné de trophées d'instruments, par *Robert*.

On revient à droite à la fontaine de Flore, ou du Printemps.

Bassin de Flore.

Le bassin de Flore ou du Printemps est circulaire et bordé en marbre blanc; devant la déesse est une corbeille de roses, et autour d'elle un groupe de jolis enfants, qui semblent balancer avec grâce des guirlandes de fleurs. Ce groupe, plein de suavité, a été exécuté par *Tuby*, d'après *Le Brun*.

Ce fut dans ce carrefour, disposé, avec un luxe inouï, en un vaste jardin orné d'une foule d'arbustes odorants et couvert de tentes élégantes, que fut représentée pour la première fois, le 8 mai 1664, *la Princesse d'Élide*, comédie de Molière, dont on saisit avidement les allusions. On reconnut facilement mademoiselle de Lavallière dans la princesse dont la fière indépendance repousse les soupirs d'amants dévoués; Histmène et Théocle rappelèrent les impuissants efforts de Fouquet et d'autres grands seigneurs. Madame de Dangeau fut peut-être fâchée de voir son mari représenté sous le personnage de Moron; mais elle applaudit, comme tous les spectateurs, à la préférence accordée au jeune Euryale.

En 1667, on prépara dans ce même lieu la salle du souper, dont l'objet le plus remarquable était le fameux rocher sur la cime duquel était le cheval Pégase. Il semblait, en se cabrant, faire jaillir de l'eau qu'on voyait couler doucement d'abord de dessous ses pieds, mais qui bientôt, tombant en abondance, formait quatre cascades. De tous les creux de ce rocher s'échappaient de minces filets d'eau qui s'épanchaient doucement sur une pelouse couverte de mousse.

Tournés vers l'extrémité du parc, nous avons à droite le bosquet de l'Obélisque, vulgairement appelé des cent tuyaux; à gauche celui d'Encelade, et le bosquet fermé des Dômes, où nous pénétrerons par le Tapis vert.

Bassin de l'Obélisque.

Le bassin de l'Obélisque, où conduit directement le chemin qui part du point N.-O. du carrefour de Flore, est au milieu du bosquet. Ce bassin présente, sur quatre de ses côtés, des gradins revêtus de plomb, dont deux, dirigés vers des hémicycles pratiqués dans la charmille octogone, font une saillie semi-circulaire. Du milieu s'élève un massif de roseaux en plomb, composé de deux cent trente-un tuyaux, et d'un jet très-fort qui domine la hauteur des eaux de la gerbe et figure le pyramidion. Les eaux qui s'élèvent en obélisque, à près de quatre-vingts pieds d'élévation, retombent en cascade par les gradins dans le chenal qui entoure le bassin. Cette pièce est fort curieuse; mais elle joue rarement, à cause de la grande quantité d'eau qu'elle exige.

Bassin d'Encelade.

(Voir la gravure de la page 225.)

Le bassin d'Encelade est dans la partie N.-O. du bosquet opposé ; pour y aller directement, il faut revenir à l'allée de Flore par le premier chemin à gauche, après celui qui nous a conduits au bassin de l'Obélisque, et traverser l'allée de Flore.

Au milieu d'une salle octogone est un bassin rond entouré d'une enceinte de gazon. Là, écrasé sous une masse de cailloux, Encelade, un des géants foudroyés par Jupiter, semble tenter les plus violents efforts pour se débarrasser du poids qui l'opprime. *Marsy* a donné une vive expression à ses traits ; on est presque effrayé à la vue de cette large main, de cette forte tête, de ces énormes épaules ; on craint de voir le géant sortir par ses efforts de sa prison de rochers. De sa bouche, quand les eaux jouent, s'échappe une gerbe de soixante-dix pieds, qu'accompagnent plusieurs autres jets moins forts, qui jaillissent de la main d'Encelade et d'une partie des rochers disséminés dans le bassin.

Bassin d'Apollon.

Lorsque, par le chemin opposé à celui par lequel on est entré, on sort des bosquets pleins de charmes sans doute, mais où des charmilles et des arbres ont presque toujours rétréci l'horizon, on éprouve un sentiment bien agréable en se voyant tout à coup en face d'une grande création ; la vue, libre de toutes parts, se perd avec plaisir dans le lointain du grand parc; dans les bosquets de Trianon. Là, tout est grandiose : la magnifique allée du Tapis vert, avec l'immense façade du château ; le

Groupe d'Apollon sortant des eaux.

grand canal si heureusement précédé du bassin d'Apollon ; l'horizon éloigné que laissent apercevoir la grille d'Apollon à gauche, celle de la Faisanderie à droite.

Au centre d'un vaste bassin carré long dont les quatre faces offrent des renflements semi-circulaires, est un groupe qui le ne cède qu'à celui de Neptune en grandeur et en effet. Il représente Apollon ou le dieu du jour, sortant des eaux pour fournir sa carrière. Quatre coursiers sont attelés au char qu'entourent les Dauphins ; des Tritons, soufflant avec force dans des conques marines, annoncent à l'univers le départ du dieu. Apollon, plein de majesté, est assis sur son char, et sa main puissante tient les rênes pour modérer l'ardeur bouillante de ses coursiers. Cette magnifique composition, exécutée par *Tuby* sur les dessins de *Le Brun*, ne peut être bien jugée que quand les eaux jouent. Le pavé du canal détruit toute l'illusion, et ne laisse plus voir qu'un *chariot embourbé*. Mais que les eaux jouent, et l'aspect est entièrement changé ; les diverses gerbes qui s'échappent de toutes parts complètent alors l'illusion. Ce serait vraiment le dieu du jour sortant du sein des ondes,—s'il ne se dirigeait pas de l'ouest à l'est ; ses coursiers impatients soulèvent un nuage humide.

En 1664, ce bassin était appelé *bassin des Cignes*, et l'on y avait dressé le château de l'enchanteresse Alcine gardé par quatre géants et quatre nains. Là, St-André, *l'Auriol* du xviie siècle, étonna par l'agilité et la souplesse de ses gambades. A la gaieté qu'avait fait naître son extrême légèreté succéda un effroi général, lorsque, à un signal donné par un coup de tonnerre, le château s'écroula, réduit en cendres par un brillant feu d'artifices auquel répondirent des boîtes disséminées çà et là dans les jardins. Ce fut la fin des plaisirs de l'Ile enchantée ; les jours suivants furent consacrés à *courre les têtes* dans le large fossé qui ceignait alors tout le château de Louis XIII ; à jouer plusieurs comédies de Molière ou à tirer une de ces loteries qui avaient tant de charmes pour le cœur généreux de Louis XIV.

La grille qui sépare, derrière cette pièce, à droite, le petit parc du grand, a conservé le nom de *Petite Venise*, et rappelle la destination primitive des petits bâtimens qui l'avoisinent. Sous Louis XIV, ils servaient de logement aux matelots attachés à la flottille que le roi avait fait lancer dans le *grand canal*. Là fut faite l'expérience de ce feu grégeois retrouvé par un chimiste napolitain. Il en voulait vendre le secret à Louis XIV. Mais quand ce monarque en eut vu les terribles effets, jugeant que les armes à feu sont déjà assez meurtrières, il donna au chimiste le double de la somme qu'il avait demandée et exigea de lui le serment qu'il emporterait son secret dans le tombeau.

Plusieurs statues, des termes et deux groupes décorent le pourtour de ce bassin.

La statue (12) représente une de ces enchanteresses indiennes peut-être qui jouent avec les serpents ; Commode (11) sous les traits d'Hercule ; la Clarté (10) tenant un soleil de la main droite ; Orphée (9) qui charme, par la douceur de ses accords, le vigilant gardien des enfers, Cerbère à la triple tête. On se demande par quelle bizarre idée Franqueville a mis un violon aux mains

— 225 —

d'Orphée. Un juge des courses (8) ; il tient d'une main le bâton de commandement et de l'autre une boule.

Plus loin, le vieux Silène (7) couronné de lierre et de raisins, caressant Bacchus enfant.

Vertumne (6), dieu du Printemps, terme par *Le Hongre*.

Junon (5) tenant un sceptre, et Jupiter (4) plein de dignité, termes de *Clairion*.

La nymphe Syrène (3), tenant des roseaux, allusion à sa métamorphose en roseaux lorsqu'elle fuyait les poursuites du dieu Pan, terme de *Mazière*.

Un beau groupe de *Slodtz* père, représentant le berger Aristée (1), qui charge de liens Protée pour obtenir de lui la connaissance des maux qui l'accablent, et le remède auquel il doit avoir recours.

Tapis vert, côté de la chapelle.

Lorsqu'on remonte la magnifique allée qui doit son nom de *Tapis vert* au large tapis de gazon étendu dans toute sa longueur, à gauche s'offre d'abord un grand vase (12), orné de branches de laurier et de chêne, par *Hardy*; Artémise (11), reine de Carie, statue commencée par *Lefebvre* et finie par *Desjardins*. L'auteur a pris le moment où elle va avaler les cendres de son époux renfermées dans un vase, devenant ainsi le tombeau vivant de son cher Mausole. Cyparisse (10); *Flamen* a représenté ce jeune chasseur caressant le cerf chéri qu'il était parvenu à apprivoiser. Il eut le malheur de le tuer par mégarde, et ne voulut pas lui survivre.

Apollon, touché de sa douleur, le métamorphosa en cyprès, l'arbre du deuil.

Bosquet des Dômes.

Avant d'aller plus loin, pénétrons par l'allée ici ouverte, au bosquet des Dômes. Nous n'y verrons plus les deux petits temples carrés de marbre blanc auxquels il dut son nom, et qui, lors de la destruction de la grotte, reçurent les beaux groupes que nous avons admirés dans le bosquet des bains d'Apollon. Il n'y a de remarquable qu'une belle balustrade, dont les balustres sont en marbre du Languedoc et les appuis en marbre blanc; mais sur le socle de cette balustrade et sur les pilastres à hauteur d'appui qui en retiennent les travées, sont quarante-quatre bas-reliefs, chefs-d'œuvre de *Girardon*, de *Mazeline* et de *Guérin*. Là sont sculptées avec une grande délicatesse et une rare perfection les armes des différens peuples de l'Europe; on ne se lasse pas d'admirer ces précieuses sculptures, malheureusement détériorées par l'humidité dans la partie du socle qui regarde le nord. Au milieu est une large cuvette, d'où un jet d'eau s'élève à soixante-dix pieds environ.

Adossées à la charmille sont huit statues :

1° A droite, une nymphe de Diane qui porte les filets de cette déesse et caresse sa levrette, par *Flamen*.

2° Flore, la déesse des fleurs, la gracieuse épouse de Zéphire. Honneur au charmant modèle sur lequel *Magnier* copia cette statue délicieuse !

3° Amphitrite, fille de l'Océan et épouse de Neptune. *Anguier*, qui en donna le modèle, a caractérisé la déesse par l'écrevisse de mer qu'il a mise sur sa main, et par le dauphin sculpté à ses pieds;

4° Arion. *Raon* l'a représenté au moment où un dauphin, plus sensible que les matelots dont il a tenté en vain d'adoucir l'avidité par les sons harmonieux de sa lyre, le reçoit sur son dos pour le déposer au cap de Ténare, près de Lacédémone;

5° Ino. *Rayol* a marqué par l'aviron qu'il a mis à sa main, le pouvoir d'Ino ou Leucothoë sur les flots;

6° Le Point du Jour. *Le Gros* l'a représenté sous les traits d'un beau jeune homme; il tient à sa main un flambeau; à ses pieds sont des nuages et un hibou, l'oiseau des ténèbres;

7° Galatée, par *Tuby*. Elle est tristement appuyée contre le rocher sous lequel le jaloux Polyphème écrasa son rival;

8° Le berger Acis, jouant de la flûte.

Debout contre le roc, une jambe croisée,
Il semble par ses sons attirer Galatée
Par ses sons et peut-être aussi par sa beauté.
La Fontaine.

Continuant de remonter le Tapis vert, nous trouvons un vase d'*Arcis* (9), qui n'a pour ornement que des cannelures torses, et un autre (8) que *Legeret* a embelli de tournesols et de lière; la Vénus de Médicis (7); l'habile *Frémery* n'a pas reculé devant la supériorité de l'original, et nous devons à son heureuse témérité la parfaite imitation du chef-d'œuvre de Cléomène, faussement attribué à Praxitèle. On ne peut assez admirer la fraîcheur, la jeunesse et la beauté, rehaussées sur ce visage divin par la pudeur et la modestie. Le sculpteur a enrichi sa composition de deux jolis petits amours jouant avec un dauphin.

L'empereur Commode (6), que *Jouvenet* a représenté sous la forme d'Hercule, tenant entre ses bras le jeune Hylas.

Un vase du *Drouilly* (5); il est orné de tournesols et de lis dans les cannelures.

Un autre vase (4) sur lequel *Barrois* a sculpté des cornes d'abondance.

Junon (3), statue peut-être antique, en marbre de Paros. Le sceptre qu'elle tenait à la main est brisé.

La Fourberie (2); *Mignard* en a fait le dessin; *Le Comte* l'a exécutée en marbre; le masque qu'elle tient à la main, et le renard qui est au pied de l'arbre au tronc duquel elle est appuyée, lui servent de symbole.

Enfin, un vase (1) orné de quadrilles par *Herpin*.

Au retour, à gauche, Persée délivrant Andromède (18). La Sensibilité et l'Amour sont reproduits avec énergie sur la figure du héros; tout est plein de vie et d'expression dans ce touchant groupe dû à l'habile ciseau de *Pujet*.

Le groupe (17) représente le jeune Papirius Prætextatus, auquel sa mère tâche d'arracher le secret des délibérations du sénat.

Les cinq termes suivants sont dus au ciseau de divers artistes.

Hercule (16); *Le Comte* lui a mis dans la main gauche des pommes du jardin des Hespérides.

Une bacchante (15) que *de Dieu* a caractérisée par un tambour de basque.

Un faune couronné de pampres (14), par *Houzeau;* il reçoit dans une tasse le jus qu'il exprime d'une grappe de raisin.

Diogène (13), par *l'Espagnandel;* à son sourire ironique, à son front qui ne connut jamais la pudeur, on reconnaît le cynique de Sinope.

Enfin Cérès, que *Pouletier* a caractérisée par une couronne de fleurs champêtres, et par la gerbe d'épis qu'elle tient à la main.

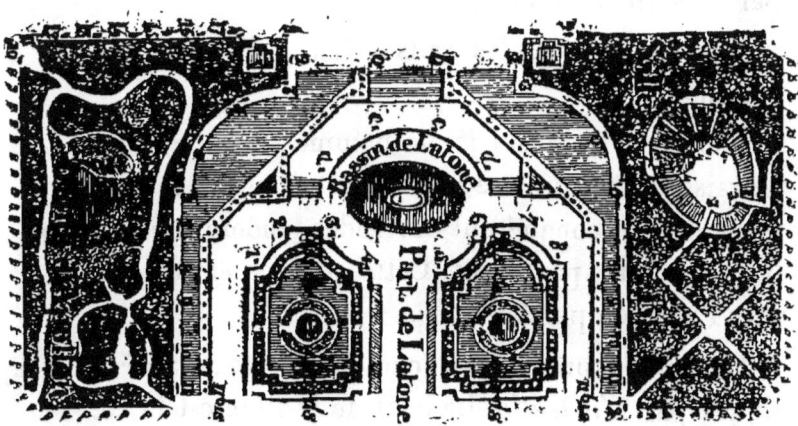

Bosquet des bains d'Apollon.   Salle de Bal.

Remontant la rampe douce qui entoure des deux

côtés la belle pièce de Latone, on trouve à gauche, adossées au bosquet des bains d'Apollon, onze statues et le groupe de Jupiter (11), et Ganimède, par *Laviron*. En face est la magnifique statue de la nymphe à la coquille (11 bis); elle est de *Coysevox*. Il y a une grâce toute particulière dans la position nonchalante de cette nymphe appuyée sur sa main gauche, et de l'autre main, puisant de l'eau avec une coquille.

Le tissu léger qui couvre son corps semble humide, et dessine les formes gracieuses de la nymphe. Nous n'avons pas vu l'original au palais Borghèse, mais nous avons peine à croire qu'il soit plus plein de vie et d'expression que l'admirable copie de *Coysevox*.

Au-dessus du groupe de Jupiter et Ganimède est la muse Uranie (10), par *Frémery*.

Commode (9), sous les traits d'Hercule, a été copié par *Courton*, au Vatican.

Faustine (8), sous les traits de Cérès, d'après l'antique, par *Regnaudin*.

Bacchus (7), beau jeune homme, tient une grappe de raisin. La panthère qui est à ses pieds rappelle le triomphe du conquérant des Indes, monté sur un char traîné par des panthères. Cette statue a été copiée d'après l'antique par *Granier*.

Un jeune faune (6) qui joue de la flûte, d'après l'antique, par *Hurtrelle*. Le haut de la flûte est brisé.

Tigrane (5), roi d'Arménie; la tristesse peinte sur son visage, et les liens qui attachent ses mains, dont trois doigts sont brisés, le représentent attaché au char de triomphe de Lucullus ; d'après l'antique, par l'*Espagnandel.*

Antinoüs (*4*). *Lacroix* a heureusement rendu dans sa copie la beauté et la pose efféminée du jeune Bithynien.

L'Étude, ou l'Usure, ou le Silence (*3*), tout plutôt que le Mélancolique, comme le disent les cicérone : quel rapport auraient avec le Mélancolique la bourse et le livre que *Leperdrix* a mis aux mains de sa statue ?

L'air (*2*). *Le Hongre*, en le représentant sous la figure d'une femme, sans doute à cause de sa légèreté, lui a donné pour emblème un caméléon et un aigle ; mais ce qui le caractérise le mieux, c'est l'air qui gonfle son voile, et ce qui nous plaît le plus, c'est sa grâce à retenir ce voile.

Avant d'examiner la pièce de Latone, visitons à gauche la fontaine de Diane, et les sept statues adossées à la charmille orientale du bosquet des bains d'Apollon, dans l'allée des Ifs.

Fontaine de Diane.

Ce qui frappe d'abord, ce sont les deux beaux groupes en bronze, modelés par *Raon* et *Vanclève*, et fondus par les *Keller*. Tous deux ont parfaitement réussi à représenter des lions vainqueurs, terrassant un sanglier et un loup ; et il serait difficile d'assigner la préférence à l'un des deux groupes ; celui de droite est de *Raon*, celui de gauche de *Vanclève*.

Quand les eaux jouent, une gerbe de vingt-cinq pieds s'élève du milieu du bassin, et retombe en nappe dans le chenal inférieur ; les lions jettent de l'eau dans le bassin, le loup et le sanglier dans le chenal.

A gauche est la statue de Diane (1); elle porte un carquois, elle a auprès d'elle une levrette élancée : c'est la personnification du Soir, par *Desjardins.*

A droite, *Marsy* a figuré le Midi par une Vénus (17); l'Amour, placé auprès d'elle, s'élève sur ses pieds pour jouer avec sa mère. Cette statue est de marbre de Paros.

Plus loin l'Europe (16), que *Mazeline* a coiffée d'un casque, est appuyée sur un écu, où galope un cheval.

L'Afrique (15), mieux caractérisée par *Cornu*, est coiffée d'une trompe d'éléphant; un lion lui lèche les pieds.

La Nuit (14), par *Raon* : on la reconnaît facilement à sa couronne de pavots, au hibou qui est à ses pieds ; à la bordure de sa robe, parsemée d'étoiles, et au flambeau qu'elle tient à la main.

La Terre (14) avec une couronne de fleurs et une corne d'abondance, par *Masson.*

Le Poëme pastoral (12) : *Granier* l'a figuré sous les traits d'une jeune bergère couronnée de fleurs champêtres; à son côté pend la panetière; ses mains tiennent un sifflet à sept tuyaux et une houlette.

Partie méridionale des Jardins.

(Voir la gravure de la page 230.)

Nous avons parcouru toute la partie droite du petit parc; faisons la même excursion dans la partie opposée, en commençant par la pièce de Latone, et la seconde moitié du Tapis vert.

Au bas des escaliers de marbre, au haut desquels sont placés deux grands vases, à l'emblème de Louis XIV, celui de droite (a), par *Dugoulou*, l'autre (b) par *Drouilly*, on trouve sur une seconde terrasse, ouverte en demi-lune, quatre vases de marbre par *Grimaud*, les deux du milieu (c), ornés de masques scéniques et de pampres, les deux qui sont au bord des petits escaliers (a, d), décorés de guirlandes de fleurs.

On descend par vingt-trois marches à une troisième terrasse inférieure qui forme le beau pourtour du bassin de Latone.

Huit vases de marbre blanc, dont six par *Cornu*, représentant le Sacrifice d'Iphigénie (1, 3, 5) et le vieux Silène ivre (4, 6, 8). *Prou* a sculpté sur le septième Mars assis sur des trophées et couronné par des génies (7); et *Hardy* sur le huitième, Mars enfant, assis sur un char tiré par des loups (2).

Bassin de Latone.

(Voir la gravure de la page 230.)

C'est du milieu de cette dernière terrasse qu'il faut admirer le bel effet des divers jets d'eau qui concourent à l'embellissement de ce parterre. A peine remarque-t-on les deux bassins des Lézards placés au centre des deux parterres de fleurs ; toute l'attention se porte sur le

Bassin de Latone.

beau groupe renfermé dans le grand bassin de forme ellipsoïde, et dont les jets multipliés forment une espèce d'artifice hydraulique très-remarquable. Sur le plus élevé des gradins étayés en pyramide est le beau groupe de Latone avec ses deux enfants, Apollon et Diane. Elle implore la vengeance de Jupiter contre les paysans de Lycie, qui ont troublé l'eau de la source où elle voulait se désaltérer; l'effet a suivi de près la prière, et çà et là, sur les gradins comme sur les rebords de la pièce, on voit une foule d'hommes et de femmes métamorphosés en grenouilles : chez les uns, la métamorphose est complète, chez les autres elle commence à peine; mais tous, à l'envi, lancent contre la déesse, au lieu d'imprécations, des gerbes d'eau qui, se croisant en tous sens, offrent le plus beau coup d'œil. On trouve dans quelques autres pièces d'eau un effet plus grand, nulle part un plus agréable.

Pour éviter de revenir sur nos pas, et pour voir en détail la moitié du petit parc qui nous reste à visiter, remontons sur le parterre d'eau, et suivons la partie sud de la rampe douce et gazonnée dont nous avons déjà remonté le premier bras.

Nous trouvons d'abord :

Le Printemps (1), par *Magnier*, d'après les dessins de *Le Brun*, sous les traits de la déesse Flore, portant un panier de fleurs.

Le Point du jour (2); *Marsy*, d'après *Le Brun*, lui a donné pour symbole une étoile sur la tête et un coq à ses pieds.

Le Poëme lyrique (3), par *Tuby*, d'après *Le Brun*.

Le Feu (4), par *Dozier*, d'après *Le Brun*; c'est une femme qui tient un vase rempli de feu; à ses pieds est la salamandre.

Puis viennent six statues, d'après l'antique :

Tiridate (5), roi d'Arménie, copié par *André* au palais Farnèse.

Vénus Callipyge, par *Clairion*.

Le vieux Silène (7), appuyé sur un tronc d'arbre, et portant le jeune Bacchus dans ses bras, par *Mazière*.

Antinoüs (8), par *Le Gros*.

Mercure (9), par *de Mélo*.

Uranie (10), par *Carlier*.

Apollon Pithien (11), par *Mazeline*. Vis-à-vis, le mirmillon ou gladiateur mourant (11 bis), digne pendant de la nymphe à la coquille. *Monnier* a rendu avec bonheur l'état d'abattement, les yeux éteints d'un homme succombant après une longue et pénible lutte.

Au bout de la charmille, l'*enchanteresse Circé* (12), terme, par *Magnier*.

Vis-à-vis, et adossés à la charmille du quinconce du midi, sont quatre autres termes :

Platon (13); *Rayol* lui a fait tenir le médaillon de son maître, l'immortel Socrate. Il a figuré son vaste génie par une flamme placée au-dessus de sa tête.

Mercure (14), armé du caducée, par *Vanclève*.

Pandore (15), par *Le Gros*, d'après *Mignard*. Elle tient la boîte, funeste présent de Jupiter.

Le fleuve Achéloüs (16), par *Mazière*. Il tient la corne d'abondance, que lui arracha Hercule lorsque ce fleuve, déguisé en taureau, voulut ravir au héros la belle Déjanire.

Castor et Pollux (17), par *Coysevox*. Ils sacrifient à la Terre, représentée sous la figure d'une femme, la tête ceinte d'une couronne murale, et tenant dans sa main un œuf, symbole de la fécondité. Pollux tient de la main droite le palet qu'il excellait à lancer, et Castor allume du feu sur un autel antique.

Le groupe (10) représente Pétus Thraséa, en qui Néron condamna à mort la vertu même, dit Tacite; sa femme Arria voulut mourir avec lui et se perça la première; puis elle retira l'épée de sa large plaie, et, en la donnant à son mari, elle eut encore la force de lui dire : « Pétus, cela ne fait pas de mal. » D'après l'antique, par *Lespingola*.

Tapis vert, côté de l'Orangerie.

(Voir la gravure de la page 225.)

En descendant l'allée du Tapis vert, nous trouvons à gauche, adossés à la charmille du quinconce du midi :

Un vase (1) orné de quadrilles, par *Pouletier*.

La Fidélité (2), tenant un cœur à la main. *Lefebvre* l'a suffisamment caractérisée par le chien qu'il a mis à ses pieds.

Vénus (3) sortant du bain, charmante statue, pleine

de vérité, par *Le Gros*. Le vase qui est à ses pieds contient les bijoux et la parure de la déesse.

Vase (4) orné de cornes d'abondance, par *Rayol*.

Vase (5) orné de tournesols et de lis dans les cannelures, par *de Mélo*.

Faune (6) portant sur ses épaules un chevreuil, par *Flamen*, d'après l'antique.

Adossés au bosquet de la salle de la Colonnade, sont :

Didon (7), la malheureuse reine de Carthage. *Pouletier* l'a représentée sur le bûcher, invoquant la vengeance des dieux contre le perfide Énée.

Vase (8) orné de tournesols, par *Flatz* père.

Pénétrons par le chemin ouvert à gauche dans la salle *de la Colonnade*, dite aussi des *Concerts*.

Salle de la Colonnade ou des Concerts.

(Voir la gravure de la page 225.)

Au milieu de cette salle est un superbe groupe en marbre blanc, ouvrage de *Girardon* ; il représente l'enlèvement de Proserpine par Pluton ; sur le piédestal rond sont sculptés en bas-reliefs les diverses scènes de cet enlèvement ; la jeune Proserpine cueillant des fleurs avec ses compagnes ; son enlèvement ; et Cérès, une torche à la main, cherchant partout sa fille chérie.

Tout autour de la salle règne un péristyle composé de trente-deux colonnes, répondant à autant de pilastres. Les colonnes sont en brèche violette, en marbre du Languedoc, ou en bleu turquin ; les pilastres sont tous en marbre du Languedoc. Le tout est couronné d'une corniche corinthienne, avec un attique portant trente-deux vases de marbre blanc, terminés par des pommes de pin.

Les colonnes communiquent entre elles par des arcades cintrées, ornées à leurs clefs de masques, de nymphes, de naïades ou de silvains, et, sur les impostes, de bas-reliefs remarquables représentant les jeux et les amours, charmants groupes d'artistes justement célèbres : *Mazière, Granier, Coysevox, Le Hongre* et *Le Comte*.

Sous les arcades sont vingt-huit grandes cuvettes de marbre blanc; de chacune s'élance un jet d'eau qui retombe en cascades ou en nappes dans le chenal inférieur.

Tout ce beau morceau d'architecture a été exécuté par *Lapierre*, sur les dessins de *J. H. Mansart*.

Revenant à l'allée du Tapis vert, que nous continuerons de descendre, nous remarquerons :

Un vase uni (9), par *Joly*.

Une Amazone (10), copiée d'après l'antique, par *Buirette*.

Achille (11), sous l'habit de Pyrrha, par *Vigier*. Oubliant son déguisement, le jeune héros n'a pas plus tôt aperçu un casque et une épée, que, sans se soucier des riches étoffes et des colliers renfermés dans les tiroirs sculptés à ses pieds, il ceint le casque guerrier et dégaîne l'épée. Ulysse a reconnu Achille, la perte de Troie est assurée.

Vase (14) orné de couronnes de chêne et de laurier, par *Hardy*.

Adossés à la charmille, au pourtour du bassin d'Apollon sont :

1° Ino, se précipitant dans la mer avec Mélicerte, son fils, par *Granier*. La grâce des figures et la légèreté des draperies sont surtout remarquables.

2° Le dieu Pan, terme, par *Mazière;* couvert d'une peau de bouc, il tient de la main gauche la flûte sur laquelle il excellait.

3° Le Printemps, sous la figure de Flore, terme, par *Arcis* et *Mazière;* les guirlandes de fleurs sont d'une grande beauté.

4° Bacchus, tenant un thyrse, terme, par *Raon*.

5° Pomone, terme, par *Le Hongre*.

6° Bacchus, statue antique.

Plus loin, vers la grille du grand parc :

7° Cicéron, le prince des orateurs romains.

8° Un tribun, avec le bâton de commandement.

9° Un génie.

10° Dame romaine, tenant un enfant dans ses bras.

11° Hercule; il tient dans sa main des pommes d'or du jardin des Hespérides.

12° Vestale, dont les doigts et le bras gauche sont brisés.

Salle des Marronniers ou des Empereurs.

(Voir la gravure de la page 225.)

Dans la salle des Marronniers ou des Empereurs, on trouve dans un enfoncement semi-circulaire le bassin des Dames Romaines (7), nom que rien maintenant ne justifie.

Huit bustes antiques et deux statues font l'ornement de cette salle :

A gauche :	A droite :
8. Antonin.	6. Apollon.
9. Septime-Sévère.	5. Alexandre.
10. Méléagre. *Statue.*	4. Antinoüs. *Statue.*
11. Octave.	3. Othon.
12. Annibal.	2. Marc-Aurèle.

Sortons de cette salle par le chemin ouvert à droite du bassin de la muse (1), ainsi nommé d'une statue de Muse que l'on y voyait autrefois; traversons l'allée de l'Hiver pour entrer dans le jardin du Roi, autrefois l'Ile-Royale.

Jardin du Roi.

Ce bosquet délicieux a été dessiné par Dufour, sous le règne de Louis XVIII. Sa ressemblance avec les jardins anglais a fait penser, à tort, que le dessinateur avait copié le jardin de la maison d'Hartwell, qu'occupait, en Angleterre, le prince exilé. Fermé pendant une partie de l'année, ce bosquet n'est ouvert que le soir, dans la belle saison : chacun alors y vient avec empressement respirer un air embaumé par le parfum de mille roses, et admirer les nombreuses variétés de dalhias.

Les arts ne sont représentés dans ce bosquet que par deux vases, copiés à Rome par *Grimaud*, et représentant, l'un, une fête de Bacchus, avec le vieux Silène ivre; l'autre, un mariage antique; la mariée, assise, tient un mouchoir sur ses yeux, et sa douleur est d'une vérité frappante.

Au milieu de l'enceinte de gazon est une colonne corinthienne, en marbre du Languedoc, dont le chapiteau de bronze est surmonté d'une petite statue de Flore, en marbre blanc.

Dans la partie toujours ouverte aux promeneurs, aux deux bouts du cintre inférieur, sont les deux belles statues de l'Hercule de Farnèze, par *Cornu*, et de la Flore de Farnèze, par *Raon*.

Après avoir parcouru ce bosquet, remarquons autour de la belle pièce d'eau dite du Miroir, en allant de droite à gauche, deux vases et quatre statues antiques:

1° Un vase orné de houx et de tournesols, par *Lefebvre*;

2° Une vestale;

3° Une Vénus sortant du bain;

4° Un Apollon;

5° Une impératrice;

6° Un vase semblable au premier, par *Légeret*.

Bassin de l'Hiver.

Le bassin circulaire que nous voyons au milieu d'un carrefour de même forme, est celui de Saturne ou de l'Hiver; le groupe est de *Girardon* d'après *Le Brun*, et représente Saturne se chauffant, entouré de petits enfants occupés à exciter le feu. Ce fut sur l'emplacement de ce bassin qu'en 1667 Vigarani éleva la brillante salle de spectacle où Molière, avec sa troupe, représenta sa comédie de *Georges Dandin.*

Suivons la partie de l'allée de l'Hiver qui conduit au Tapis vert, et remarquons à gauche un grand vase (5) en marbre blanc, orné par *Robert* de trophées d'instruments de musique et de guirlandes ; puis entrons à droite dans le quinconce du midi, autrefois de la Girandole.

Quinconce du Midi.

(Voir la gravure de la page 225.)

Huit termes ornent ce quinconce : à droite une bacchante (6), et Hercule (2) portant une corne d'abondance ; Hercule (7) tenant des pommes d'or, et Pomone (9), déesse des fruits ; Pallas (8), déesse de la guerre, dont le nez est brisé ; Priape (1), dieu des jardins, et Flore (3), déesse des fleurs. Enfin, Vertumne (2), dieu du printemps. *Le Poussin* a fourni tous les dessins de ces termes, qui ont été exécutés par divers sculpteurs.

A l'extrémité S.-E. de ce bosquet est le bassin octogone de Bacchus ou de l'Automne.

Bassin de Bacchus.

Le groupe du milieu représente Bacchus couronné de pampres, et entouré de petits satyres. C'est l'ouvrage de *Marsy*, d'après *Le Brun.*

Près de ce bassin on trouve, à gauche, le bosquet fermé de la Salle de Bal, et, à droite, le bosquet de la Reine, aussi fermé.

Salle de Bal.

(Voir la gravure de la page 250).

La Salle de Bal, vue un jour ordinaire, n'offre qu'une cascade formée de rocailles et de coquilles dont on aperçoit tous les liens, et vis-à-vis un amphithéâtre que les candélabres en plomb dégarnis de dorures et quelques vases, quoique ornés de bas-reliefs par *Le Hongre, Houzeaux* et *Masson*, ne parent que médiocrement. Mais à cette tristesse succède bientôt l'aspect le plus gai, le plus brillant, si l'imagination éclaire cette salle de mille feux étincelants; si, ouvrant les réservoirs, elle laisse échapper les eaux qui, s'élevant en gerbes et en gros bouillons, retombent en nappes et en cascades le long de ces coquillages aux mille couleurs, plus brillants encore par les reflets multipliés des lumières; puis, au milieu de cette salle, entourée d'une douce atmosphère, rafraîchie par les innombrables cascades, embaumée par des plantes odorantes, s'agitera, se pressera une cour brillante avec ses habits somptueux, ses manières pleines de grâce, et ses beautés ravissantes, la cour telle qu'on la vit réunie dans cette salle au mois de mai 1771, pour célébrer le mariage de Louis-Stanislas-Xavier (Louis XVIII), avec Marie-Joséphine-Louise de Savoie.

Bosquet de la Reine (Fermé).

L'intérieur de ce bosquet est très-simple; il n'a de remarquable que la distribution et la plantation des allées couvertes et ombragées ; au milieu est la salle des Tulipiers, décorée de quatre petits vases de métal et de la statue en bronze de Vénus sortant du bain. On doit y ajouter deux autres statues, le Gladiateur luttant, et Cincinnatus.

C'était là l'ancien labyrinthe, enrichi de trente-neuf bassins en rocailles, où étaient figurés les divers sujets des fables d'Esope. *Benserade* avait donné des quatrains pour expliquer chaque sujet. A l'entrée du labyrinthe étaient l'Amour et Esope.

Là, le jeune duc de Bourgogne recevait de ces groupes, rendus avec talent, les plus hautes leçons de morale. Là se plaisait à venir, le soir, respirer le frais, la reine Marie-Antoinette, ne se doutant guère, la pauvre femme, du piége que la comtesse de la Motte tendrait, dans ce même bosquet, à la crédulité du cardinal de Rohan. Là, sous ces tulipiers, une femme, dont la profonde obscurité dérobait les traits, imita la voix de Marie-Antoinette et engagea Louis de Rohan dans une trame infâme qui le conduisit à la Bastille. Tout le monde connaît la trop fameuse affaire du collier.

Le parlement déchargea le prélat de toute accusation : il avait été trompé ; mais madame de La Motte, convaincue d'avoir fait vendre en Angleterre plusieurs des diamants du collier, fut condamnée au fouet, à la marque et à une détention perpétuelle.

On revient par *l'allée de l'Orangerie* au parterre d'eau, où l'on peut admirer la *Fontaine du Point du Jour*, opposée à celle de Diane. Ici, c'est un tigre qui terrasse un ours, et un lévrier qui abat un cerf, groupes modelés par *Houzeau*. Les deux statues qui sont auprès représentent à gauche une naïade qui foule aux pieds un dauphin; à droite le Point du jour.

Parterre du Midi.

Sur le parterre du midi on remarque la statue de Cléopâtre, par *Vanclève*, et à son bras l'aspic mortel. Douze petits vases ornent là, comme au parterre du nord, la rampe coupée par un escalier de marbre, dont deux sphinx en marbre blanc, montés chacun par un enfant en bronze, décorent les angles.

Huit vases de marbre contribuent encore à orner les tablettes de ce parterre; quatre de ces vases sont particulièrement remarquables; deux ont pour bas-reliefs des trophées maritimes; un troisième Numa Pompilius confiant aux vestales la garde du feu sacré; et le quatrième une fête à Bacchus. Les gerbes des deux petits bassins ronds s'élèvent à douze pieds environ.

Du parterre du midi, qui domine l'Orangerie et la pièce des Suisses, deux escaliers, l'un de cent quatre marches, l'autre de cent trois marches à gauche, descendent jusqu'aux grilles latérales de l'Orangerie.

Orangerie.

Ce beau morceau d'architecture est dû à Mansart, et fut construit entre les années 1680 et 1688. L'Orangerie qu'admira La Fontaine, vers 1667, était plus petite de moitié ; une allée de sapins régnait alors à la place où l'on éleva plus tard l'aile du midi, et cet arbre des contrées du nord offrait un contraste frappant avec les nom-

Orangerie.

breux orangers, dont le doux parfum, les agréables fleurs et les fruits d'or rappelaient le ciel de la Provence. Mansart n'eut pas plus tôt exposé à Louis XIV ses nouveaux dessins, qu'ils furent adoptés. Aux mesquines arcades de la première orangerie succédèrent trois belles galeries d'un ordre simple, mais admirable ; celle du milieu eut cent cinquante-six mètres de long sur douze mètres de large ; les deux galeries latérales chacune cent dix-sept mètres, et deux élégants pavillons élevés aux encoignures ouvrirent une communication entre les trois galeries. Au milieu de la grande serre est placée une statue colossale de Louis XIV, par *Desjardins*.

Le *grand Bourbon*, célèbre oranger que l'on admire par-dessus tous les autres, n'a pas moins de quatre cents ans, car il avait près de cent ans lorsqu'il fut confisqué en 1530 avec les autres biens du connétable de Bourbon.

Les groupes qui surmontent les trumeaux décorés à l'intérieur de colonnes d'ordre toscan, sont l'Aurore et Céphale, Vertumne et Pomone, du côté de la ville; Vénus et Adonis, Zéphire et Flore, du côté des jardins.

Pièce d'eau, dite des Suisses.

La vaste pièce d'eau des Suisses est bordée de deux belles allées d'arbres, et s'étend jusqu'au pied de la colline de Satory, dans une longeur de quatre cents mètres sur cent quarante de largeur. Elle a été creusée sous Louis XIV, par le régiment des gardes-suisses ; autrefois elle était bordée de tablettes de marbres.

A l'extrémité fut reléguée une statue équestre que le chevalier *Bernin* avait faite pour représenter Louis XIV ; mais le roi en fut mécontent, et bien vite on substitua des flammes aux trophées qui étaient sous le ventre du cheval; on adapta un casque sur la perruque; ce fut un Marcus Curtius se dévouant pour sa patrie.

Jeu des eaux de Versailles.

Nous croyons n'avoir rien négligé dans la description du château et du parc de Versailles; mais il nous reste à mentionner encore d'immenses travaux; nous voulons parler des constructions souterraines. Le sol sur lequel on marche dans le parc de Versailles n'est qu'une espèce de parquet porté sur des voûtes innombrables; au-dessous sont des canaux à l'infini, et dans ces canaux circulent des milliers de tuyaux qui vont porter les eaux du *Château d'eau* ou du *Grand Réservoir* dans toutes les directions du petit parc; puis, d'autres aqueducs encore pour verser les eaux dans la grande pièce d'eau des Suisses, dans le ruisseau de Galie, ou dans les étangs voisins. Et nous ne parlons pas ici de l'admirable machine que Louis XIV fit construire à Marly, pour procurer aux habitants de sa ville une eau potable, saine et abondante. — Nous nous garderons bien de corrompre le plaisir causé par la surprise de ces travaux immenses, en récapitulant les sommes qu'ont coûté ces travaux. Le mémoire en est perdu à jamais, et la diversité des estimations entreprises par plusieurs écrivains ne fait qu'augmenter les doutes. D'ailleurs, ce ne sont pas des dépenses faites dans un pays, par des habitants du pays, qui ruinent un état; l'argent ne fait que circuler; il retourne aux mains de ceux qui l'ont versé d'abord; de plus, des millions d'étrangers sont venus admirer les merveilles de Versailles, et qui pourra calculer les sommes qu'ils ont dépensées en France ! Le seul reproche fondé que l'on puisse faire à Louis XIV, c'est d'avoir choisi Versailles de préférence à une foule d'autres villes, où il aurait opéré les mêmes merveilles sans engager le Trésor dans d'aussi grandes dépenses.

Mais laissons de côté ces considérations, pour suivre les eaux depuis le Château d'Eau et le Grand Réservoir, jusqu'au ruisseau de Galie ou au réservoir des Jambettes.

Le Château d'Eau alimente directement :

Les deux jets du parterre d'Eau ; — les jets du parterre du Midi ; — le jet de l'Orangerie ; — les jets des deux Fontaines d'Animaux, — et un jet du bassin d'Apollon.

Puis ces eaux, reçues dans le réservoir du parterre d'Eau, en sortent pour se répandre dans :

La Salle de Bal ; — la pièce d'eau de Latone ; — les bassins des Lézards ; — les bassins des Couronnes ; — la pièce d'eau de la Pyramide ; — l'allée d'Eau, — et dans la pièce du Dragon, et de là au réservoir des Jambettes.

Les bassins des Quatre Saisons ; — la pièce du Miroir et le jardin du Roi ; — la salle des Empereurs ; — la salle de la Colonnade ; et quelques jets du bassin d'Apollon et du bassin de l'Obélisque sont alimentés par des eaux sorties originairement du Château d'Eau.

Les eaux du *Grand réservoir* se répandent par divers conduits dans les deux bassins du parterre d'eau; — les bains d'Apollon; — les Dômes; — le bassin d'Encelade; — la fontaine des Enfants; — le bassin de l'Obélisque, et surtout dans la magnifique pièce de Neptune.

Quelques conduits du réservoir des Jambettes alimentent divers jets du bassin des Dômes, d'Encelade, d'Apollon et de l'Obélisque.

Les *petites eaux* jouent presque toute la journée; mais les *grandes eaux* ne sont mises en jeu que vers quatre ou cinq heures, et successivement, dans l'ordre suivant :

1° Les bains d'Apollon;
2° Le bassin de Latone;
3° La salle de Bal;
4° La Colonnade;
5° Le bassin d'Apollon;
6° Le jet des Dômes;
7° L'Encelade;
8° L'Obélisque;
9° L'allée d'Eau;
10° La pièce de Neptune.

LES
DEUX TRIANONS.

Nous ne dirons que peu de mots de ces deux châteaux, réunis et confondus avec beaucoup d'art en 1809.

Grand-Trianon, façade orientale.

Le Grand-Trianon, construit à l'italienne sous Louis XIV, par Robert de Cotte, sur les dessins de Mansart, est situé à l'extrémité du bras septentrional du grand canal. Il est composé d'un rez-de-chaussée seulement, et un péristyle de vingt-deux colonnes unit les deux principaux pavillons. Ces colonnes sont de marbre vert Campan, et les pilastres de marbre rouge du Languedoc. Des vases, des groupes d'amours et de génies décoraient autrefois la balustrade qui en fait le couronnement. Plusieurs ailes ajoutées en équerre ont successivement agrandi ce château.

Il y a bien loin du Trianon de nos jours au pavillon de Flore, à *ce petit château de porcelaine*, le boudoir de Madame de Montespan. Il est une fenêtre surtout à laquelle les *Mémoires de Saint-Simon* ont attaché une importance historique. Louis XIV, qui avait la vue de la plus fine justesse, s'aperçut qu'elle était plus étroite que les autres; Louvois, l'obstiné Louvois soutint le contraire, et Le Nôtre fut chargé de mesurer la fenêtre; la remarque du roi se trouva juste; mais Louvois, alors intendant des bâtiments, jura que bientôt il donnerait à Louis XIV des occupations *qui lui feraient oublier la truelle;* et, si nous en croyons le caustique écrivain, la guerre de 1668, guerre sanglante, souillée par la dévastation du Palatinat, n'eut pas d'autre cause.

Napoléon visita souvent le Grand-Trianon, et les foudres de bronze doré, dont il avait fait décorer son cabinet, rappellent là encore celui que l'univers entier a proclamé un foudre de guerre, le grand homme au génie duquel la France doit ses plus belles institutions. Les jardins du Grand-Trianon, plantés par Le Nôtre, offrent un dessin très-agréable ; une foule de statues et

Grand-Trianon, façade méridionale.

de vases, dus au ciseau des plus habiles artistes, ajoutent un nouveau charme à l'ombrage des bosquets, au cristal des pièces d'eau.

Coustou a sculpté Louis XV et Marie Leczinska, la bonne reine; Vanclève a donné le dessin du beau groupe de Neptune et Amphitrite, noble ornement de la magnifique cascade. Tuby a copié, mais comme copient les hommes de génie, le groupe si justement célèbre du grand-prêtre Laocoon s'épuisant en vains efforts pour dégager ses fils Ethro et Mélanthus des enroulements de deux serpents.

Petit-Trianon.

Le château du Petit-Trianon, bâti par Louis XV, n'est qu'un pavillon carré de douze toises environ sur chaque face. Louis XV destina les terres voisines à l'établissement d'un jardin botanique, et la direction en fut confiée au savant Bernard de Jussieu.

Antoine Richard apporta d'Angleterre, en 1764, les arbres, alors très-rares ou inconnus en France, qui forment les bosquets voisins du pavillon. Mais le Petit-Trianon doit surtout à Marie-Antoinette et ses charmes et ses souvenirs. C'était son séjour favori; là elle cessait d'être reine pour n'être plus qu'une femme jeune et aimable; là, vêtue d'une simple robe blanche, un fichu de gaze sur le cou, un chapeau de paille sur la tête, *l'auguste et jeune déité* de ces lieux enchantés prenait plaisir à parcourir toutes les fabriques du hameau, à pêcher dans le lac. Auprès de ce lac encore, non loin de la tour de Marlborough, un saule pleureur, planté par les mains de Marie-Antoinette, ombrage le tertre de gazon où souvent la reine vint s'asseoir ; un saule pleureur ! elle l'aura planté, la malheureuse femme ! dans un de ces moments de tristesse mortelle où d'atroces calomnies cherchaient à noircir sa vie, sa vie toute d'amitié et de bienfaisance !

Au nord est *le Temple de l'Amour,* un des plus

beaux bâtiments qui existent en France dans les jardins ; les colonnes d'ordre corinthien, qui soutiennent la coupole, sont d'un beau travail, et réunissent le goût et la magnificence. Le groupe de *Vénus et de l'Amour* est de Coustou.

Il est difficile de rencontrer ailleurs une végétation plus riche, des arbres plus précieux. Un habile dessin semble doubler l'étendue des jardins qui ne comprennent guère que quarante arpents.

La sœur de Napoléon, la princesse Borghèse, habita

Princesse Borghèse.

en 1812 le Petit-Trianon; les ameublements en étaient alors très-précieux.

La Ménagerie.

Malgré son nom modeste, la Ménagerie, située au bout du bras méridional du grand canal, était un très-beau château, et la duchesse de Bourgogne, à qui Louis XIV en fit cadeau, se plaisait à l'habiter. Piganiol en a laissé une description fort étendue que nous ne reproduirons pas, parce que tout a été détruit. On se rappelle que Bonaparte consul donna les bâtiments de la Ménagerie à l'abbé Sieyès, l'auteur de la constitution de 1791. Avant la destruction des bâtiments, on avait transporté tous les animaux à la ménagerie du Jardin du Roi, à Paris.

VILLE

DE

VERSAILLES.

Versailles, comme nous l'avons dit, fut pendant longtemps un village sans aucune importance ; le nom de ses premiers seigneurs ne nous est parvenu que sur des actes de donations faites aux abbayes. Le privilége d'un marché par semaine et de quatre foires par an, qu'il dut à Martial de Loménie, à la fin du XVIe siècle, dépassa les espérances des deux ou trois cents paysans dont les chaumières groupées autour du prieuré de Saint-Julien (remplacé par le *grand commun*) occupaient à peine l'espace compris entre les rues de l'Orangerie, de Satory, de la Chancellerie et de la Surintendance. Des bois et des étangs couvraient tout le reste de la hauteur et du vallon.

Le château seigneurial, construit en face du bois de

Satory, s'élevait sur le penchant méridional du coteau que d'immenses travaux n'avaient pas encore abaissé.

Versailles, vue prise des hauteurs de Satory.

La prédilection de Louis XIII pour ces lieux favorables à ses chasses, en doubla bientôt la population; et sous son règne fut ouverte la rue du Plessis. Dès lors du moins plusieurs hôtels élégants furent bâtis aux environs du château, et l'abbé Lebœuf cite en particulier celui du jeune Cinq-Mars, enivré par la faveur et victime de son ambition.

Mais pour créer une ville dans ces lieux qui n'offraient aucun attrait, sans fleuve, sans l'entourage de campagnes fertiles, presque sans route, il ne fallait rien moins que la volonté toute-puissante de Louis XIV ; il fit un château pour lui, une ville pour son château : il l'imposa, pour ainsi dire, de vive force à un terrain vierge et rebelle. Les plans de ses architectes alignèrent les rues de cette nouvelle ville et réglèrent la décoration extérieure des édifices. La pierre de taille, réservée pour le château, fut interdite à la ville ; les hôtels, les plus simples maisons durent être construites en briques ou offrir l'apparence de la brique par une couleur rouge coupée par quelques lignes blanches. L'ardoise fut exclusivement affectée aux toitures ; son bleu foncé dût former avec le rouge et le blanc des maisons, et la verdure des avenues ou des jardins, un brillant effet de couleurs. Mais si Louis imposait à tous les habitants de sa ville des conditions dont ils ne pouvaient s'affranchir, il leur assurait en même temps des avantages bien propres à les attirer. Les constructions exemptes de droits onéreux, n'étaient sujettes à aucune hypothèque, et ces garanties de l'année 1672 furent renouvelées et étendues aux héritiers en 1692 et en 1696.

Aussi les vues de Louis XIV furent bientôt remplies et ses espérances surpassées. L'église qu'il avait fait construire au milieu de la ville neuve devint trop petite, et Mansart fut chargé d'élever l'église de Notre-

Dame. L'emplacement de celle de Saint-Louis fut marqué du côté du village primitif, au vieux Versailles; Louis XV devait charger de la construction de cette église le dernier des Mansart. On crut un instant que Versailles allait retomber dans le néant d'où l'avait tiré la main de Louis XIV; car le régent, qui respecta si peu le testament du grand roi, s'y conforma cependant en conduisant le jeune Louis XV à Vincennes. Mais à sa majorité, Louis XV revint habiter le château de Versailles, et la ville prit dès-lors de nouveaux accroissements. Le grand étang qui s'avançait jusqu'au bas de la rue du Réservoir, entre Clagny et la route de Marly, fut desséché; de nouvelles rues furent percées; deux beaux boulevards (le boulevard du Roi et celui de la Reine) contribuèrent à l'assainissement et à la beauté de ce nouveau quartier, qui fut appelé *les Prés*. Enfin le grand et le petit Montreuil devinrent les faubourgs d'une ville où l'on compta jusqu'à 100,000 habitants; elle en a maintenant à peine 28,000, et cependant la révolution l'a élevée autant qu'il a été en son pouvoir; elle est devenue le siége de la préfecture du département de Seine-et-Oise, et d'un évêché par suite du concordat de 1802.

Les monuments les plus remarquables de Versailles sont :

Le GRAND COMMUN, rue de la Surintendance : Louis XIV en ordonna la construction vers 1675 et le destina à loger plus de deux mille gentilshommes chargés à sa cour de divers emplois.

En 1793, la Convention y établit une manufacture

d'armes qui, sous la direction de Roger et de Boutet, acquit une juste renommée : il en sortait plus de 50,000 fusils par an ; on y occupa jusqu'à 1,200 ouvriers. Louis XVIII y avait établi une école modèle gratuite d'enseignement mutuel, et une école primaire interne destinée principalement aux enfants de la classe ouvrière, et placée sous la protection spéciale du jeune duc de Bordeaux. C'est maintenant un hospice militaire.

L'ancien hôtel des affaires étrangères, construit en 1761. Outre un dépôt précieux de toutes les archives de la marine et des colonies, ordonné par un édit de 1777, cet hôtel renferme la bibliothèque de la ville, ouverte depuis dix heures jusqu'à trois : fondée d'abord au château pour l'école centrale qui y fut établie dans les commencements de la révolution, la Bibliothèque fut transférée là en 1805. Outre une foule d'éditions rares et précieuses qui faisaient partie de la bibliothèque de Louis XVI, on y remarque un exemplaire unique des courses de têtes et de bagues de 1662, peint par Jacques Bailly ; et la carte topographique des environs de Versailles, dessinée d'après les instructions de Louis XVI.

Le Jeu de Paume. Il est devenu célèbre par le fameux serment qu'y prêtèrent les députés le 20 juin 1789.

« Nous jurons de ne jamais nous séparer, et de nous rassembler partout où les circonstances l'exigeront, jusqu'à ce que la constitution du royaume soit établie et affermie sur des fondements solides. »

Dans ces dernières années, le Jeu de Paume est devenu l'atelier du célèbre peintre le baron Gros.

Le quartier de cavalerie, qui est au bout de la rue de l'Orangerie, était l'hôtel des Gardes du Corps. C'était là que, sous Louis XV, était établie la salle de spectacle où ont débuté une foule d'acteurs célèbres, les Molé, les Fleury, etc.

Le Potager, rue de Satory. Il fut établi d'abord rue de la Surintendance, sur l'emplacement des hôtels de la guerre et des affaires étrangères. Vers 1675, Louis XIV chargea Mansart et La Quintinie d'en créer un nouveau au milieu du vallon. Son étendue est de vingt-huit arpents; il est divisé en vingt-huit jardins de diverses grandeurs, séparés par des murs de refend: chaque plante y a l'exposition qui lui est la plus favorable; quatre grandes terrasses s'élèvent au pourtour du grand carré du milieu, et de belles serres y favorisent la culture des plantes et des végétaux des contrées les plus chaudes. La principale entrée est du côté de la pièce d'eau des Suisses.

Près du potager est un jardin anglais, partie autrefois de l'hôtel que Le Tellier, architecte de l'église Saint-Louis, se construisit avec ce qu'il appelait les *rognures* de cette église. On y remarque surtout un rocher artificiel élevé à grands frais. Au sommet, au milieu de touffes de verdure, sont deux petits pavillons unis par un pont qui paraît jeté sur un précipice. Louis XVIII le créa, dit-on, lorsqu'il n'était encore que comte de Provence, pour madame de Balbi, qu'il désirait loger près de lui au château de Versailles. Louis XVI s'y opposa; mais le comte de Provence ne renonça point à son projet. Il conseilla au concierge, chargé de présenter au Roi l'état des logements, d'insérer dans le nombre des pièces qui lui étaient destinées *deux chambres de plus pour les extraordinaires de Monsieur*. L'état fut approuvé, et le comte de Provence put avoir près de lui son aimable comtesse.

L'Église Saint-Louis. L'emplacement de cette église avait été désigné par Louis XIV; mais elle ne fut commencée qu'en 1743, d'après les dessins de Mansart de Sagonne. Il orna heureusement le portail de deux ordres, le dorique et le corinthien, pour donner au monument l'élévation des antiques basiliques, et annoncer noblement sa sainte destination. Du reste, il n'y a guère à remarquer dans cette église, dont la coupe est d'ailleurs assez belle, que quelques tableaux qui lui ont été rendus. Les plus célèbres sont: *saint Pierre marchant sur les eaux*, et *saint Jean prêchant dans le désert*, par Boucher; *l'Adoration du sacré-cœur*, et *le Songe de Joseph*, par Jaurat; *saint Christophe*, par Vien; une *Descente de croix*, par Pierre; *l'Adoration des bergers*, par Restout; *la Présentation de la Vierge*, par Colin de Vermont; *la Résurrection du fils de la veuve de Naïm*, par Jouvenet; *l'Apparition à saint Pierre de Jésus-Christ portant sa croix*, par Sarlag, unique élève de Mignard. La statue colossale en pierre blanche de saint François de Sales prêchant, posée sur un socle de jaspe soutenu par un piédestal en granit, demanderait peut-être à être vue de plus loin.

Les Réservoirs de Gobert, au bout de l'avenue de

Sceaux. L'entrée est rue Saint-Martin, n° 31. Le réservoir long a 173 mètres sur 52 ; l'autre, dit carré, quoiqu'il soit un peu plus long que large, a 103 mètres sur 94 ; la profondeur de ces réservoirs est d'environ 20 décimètres, et ils contiennent ensemble 69,500 mètres cubes d'eau. La butte sur laquelle sont ces réservoirs est élevée de 2 mètres 90 centimètres au-dessus du parterre d'eau ; les étangs de Saclay, de Trou-Salé et de Saint-Hubert, d'où les eaux réunies dans des rigoles depuis les environs de Palaiseau, à trois lieues de Versailles, viennent se verser dans ces réservoirs, sont plus élevés de 2 mètres environ. Louis XIV, pour faire traverser à ces eaux le vallon de Buc, fit construire un bel aqueduc de dix-neuf arcades de 10 mètres d'ouverture et de 22 mètres d'élévation chacune, sur une longueur totale de près de 600 mètres. Les eaux s'échappent de ces réservoirs dans le Grand-Réservoir, qui est au bout de l'aile du Nord et dont nous avons parlé page 67. A l'article Jeu des Eaux, page 251, nous parlons des pièces d'eau alimentées par ce réservoir.

Dans le haut du même enclos, à une élévation de 16 mètres 55 centimètres au-dessus du parterre d'eau, est la hâche ou le carré des eaux de Trappes.

Là se réunissent des eaux venues de beaucoup plus loin et de points plus élevés, puisqu'elles sont réunies d'abord aux environs de la forêt de Rambouillet ; de là versées par des canaux souterrains dans l'étang de Péray, élevé de 18 mètres 25 centimètres au-dessus du parterre d'eau ; puis dans celui de Trappes, moins élevé d'un mètre 25 centimètres ; enfin, en traversant toujours dans des tuyaux souterrains la plaine de Satory, elles arrivent dans cette bâche du Parc-aux-Cerfs, d'où elles se versent, en passant sous l'avenue de Paris, dans les réservoirs de Montbauron, dont nous parlerons bientôt.

Le comte d'Artois (Charles X) avait fait construire pour ses ÉCURIES la magnifique caserne, rue de Noailles et rue Saint-Martin, n° 3. Elles renfermèrent jusqu'à quatre cents chevaux. Lorsqu'en 1787, dans l'assemblée des notables, on examina les dépenses de la famille royale pour voir en quoi elles pouvaient être diminuées, le rapporteur du bureau que présidait le comte d'Artois voulut passer légèrement sur les dépenses qu'il avait faites. « Non, lisez, monsieur, répondit le comte d'Artois ; lisez les folies de ma jeunesse. »

La caserne de la rue d'Anjou, 55, était l'hôtel des Gardes de Madame, comtesse de Provence.

L'espace compris entre l'avenue de Sceaux et celle de Paris fut longtemps appelé quartier de Limoges, parce que les ouvriers appelés du Limousin pour les travaux du château y avaient établi leurs ateliers.

De l'avenue de Paris on va aux réservoirs de *Montbauron* par la rue de ce nom : Louis XIV avait fait planter là une avenue transversale qui établissait une communication entre les avenues de Saint-Cloud et de Sceaux, dans la direction de la rue Saint-Martin.

LES DEUX RÉSERVOIRS CREUSÉS AU HAUT DE LA BUTTE DE MONTBAURON, à une élévation de 14 mètres 50 centimètres au-dessus du parterre d'eau, ont tous les deux 15,626 mètres cubes de surface sur 4 mètres de profondeur, et contiennent, lorsqu'ils sont pleins, environ 62,500 mètres cubes d'eau.

Les eaux qui s'échappent de ces réservoirs vont remplir le château d'eau, rue des Bons-Enfants, élevé de 9 mètres 40 centimètres au-dessus du parterre d'eau. Nous avons dit précédemment qu'elles viennent de la bâche du Parc-aux-Cerfs. Nous disons, page 251 quels bassins elles alimentent.

De cette butte la vue domine tout Versailles, et distingue parfaitement le château de Grignon, où le maréchal Bessières reçut Napoléon. (Depuis quelques années, on y a créé une ferme modèle.) Le château de Roquencourt que Madame, comtesse de Provence, habita souvent ; puis les bois des Fausses-Reposes, la butte de Picardie et les bois de Ville-d'Avray. Dans la portion de cercle égale, à gauche, on distingue : Saint-Cyr, les bois de Satory, de Porchéfontaine et de Meudon.

On remarque particulièrement dans la Ville Neuve :

LE COLLÉGE ROYAL, avenue de Saint-Cloud, 75. Ce fut autrefois le *Couvent de la Reine*, fondé vers 1766, par Marie Leczinska, sur ses fonds patrimoniaux, pour des religieuses chanoinesses de la congrégation de Notre-Dame, dont le couvent est maintenant au bout de la rue Royale (14, rue des Rossignols). La chapelle construite, comme le reste des bâtiments, sur les dessins de l'architecte Mique, est d'un très-bon goût : vingt-six colonnes ioniques en divisent l'intérieur en croix grecque. Bocciardi a sculpté dans dix-huit bas-reliefs toute l'histoire de la Vierge; Briard a peint le dôme et Lagrenée les pendentifs.

L'Hospice civil, rue de Plessis. Cette rue fut une des premières rues ouvertes dans le nouveau Versailles, et la reconnaissance ou la flatterie lui donna le nom du cardinal Richelieu. Il est constant que là exista, dès le treizième siècle, une léproserie fondée par les sires de Versailles; Louis XIII y établit un hôpital dont Louis XIV augmenta considérablement les revenus; Louis XV ne fut pas moins généreux que ses ancêtres; mais les bâtiments réguliers qui composent aujourd'hui cet hospice ne datent que du règne de Louis XVI, et furent commencés en 1782, sur les dessins de Darnaudic. La chapelle, terminée depuis peu d'années, fait honneur au goût de M. Petit, architecte de Versailles. La coupole, ornée de caissons, est éclairée par une lanterne en fer, heureusement exécutée; une belle balustrade en pierre de liais règne au niveau des salles du premier étage. L'autel, en marbre, est d'un très-bon goût, et le carrelage, en marbre blanc veiné et en marbre noir, flatte agréablement la vue. On aime à reconnaître saint Vincent de Paul dans le patron de cette chapelle. L'hospice contient environ trois cents lits, et sa dotation s'élève à près de 100,000 fr.

Vers le bout de cette rue de Plessis était le magnifique château de Clagny, construit par Mansart pour l'altière Montespan et pour ses enfants. Retourné à la couronne par la mort du comte de Toulouse, il a été démoli par ordre de Louis XV : il avait coûté près de quatre millions.

On a pu remarquer dans la salle des résidences royales (30, plan du rez-de-chaussée) un tableau de 1778, représentant le château de Clagny tel que Mansart l'avait construit.

La Geôle, rue de ce nom. C'est là que se tiennent maintenant les assises. C'était, avant la révolution, le siége du bailliage de Versailles et de la prévôté de l'hôtel du Roi.

L'Église Notre-Dame, rue de la Paroisse. Ce fut la deuxième église de ce nom construite par Louis XIV. Pélisson fut enterré dans la première, qui était beaucoup plus petite. Louis XIV posa la première pierre de ce monument en 1684, et il fut achevé en deux ans, sur les dessins de J. Hardouin Mansart, plus heureux dans les édifices civils que dans les temples religieux. On ne remarque guère dans l'église Notre-Dame que le tableau de l'*Assomption*, de Michel Corneille, et de beaux médaillons de marbre qui représentent les apôtres. Le monument élevé par la piété filiale au comte de Vergennes mérite aussi de fixer l'attention.

La Statue du général Hoche a été élevée, l'année dernière, au milieu de la place nommée autrefois *Dauphine*.

Au bout de la rue Hoche, à droite, est la chapelle évangélique, réparée en 1826 pour le culte protestant. C'était anciennement un reposoir où s'arrêtait la famille royale au retour de la procession de la Fête-

Dieu. Le club des jacobins s'y installa pendant la révolution.

La caserne d'infanterie qui est au n° 7, rue de la Pompe, était autrefois les *Écuries de la Reine*. Louis XIV les avait fait construire pour lui, avant que Mansart élevât les grandes et les petites Écuries, ornement de la place d'Armes.

L'hôtel qui est vis-à-vis, n° 12, était, avant la révolution, celui des gardes du corps du comte d'Artois. A côté, n° 10, était l'hôtel d'Orléans.

Ce fut au n° 1 que M. Boutet, lorsqu'il prit à son compte la belle manufacture d'armes du *Grand Commun*, établit ses vastes ateliers ; la grande salle surtout excitait l'admiration par l'heureuse habileté qui avait donné les formes les plus élégantes à la disposition d'une foule d'armes de luxe.

Près de là, 15, rue des Réservoirs, est le THÉATRE, construit en 1777 par Boullet, sur les dessins de Heurtier. L'intérieur est une élégante rotonde, commodément divisée. Le plafond, d'abord trop peu élevé, a été remplacé en 1788 par une voûte en grisaille en forme de parasol : ce théâtre peut contenir jusqu'à douze cents personnes.

L'HOTEL DE LA PRÉFECTURE, même rue, a été aussi construit sur les dessins de Heurtier, vers 1780. On y remarque surtout de beaux parquets en bois des Indes, habilement distribués en marquetterie.

Près de là, à l'angle de la *rue des Bons-Enfants* et de la *rue des Hôtels*, est le CHATEAU D'EAU, dont le vaste réservoir, élevé de 9 mètres 40 centimètres au-dessus du parterre d'eau, se remplit en trente-neuf minutes. Nous avons dit déjà que le Château d'Eau reçoit les eaux des réservoirs de la butte Montbauron. De là elles se précipitent dans de nombreux tuyaux, conduits dans diverses directions, et produisent ces effets variés et étonnants que l'on admire avec tant de plaisir quand jouent les petites eaux.

BIOGRAPHIE.

Rois et Princes nés à Versailles.

Louis de France, grand dauphin, fils de Louis XIV.

Louis de France, duc de Bourgogne, fils du précédent.

Philippe, duc d'Anjou, deuxième fils du grand dauphin; roi d'Espagne en 1700.

Charles, duc de Berri, troisième fils du grand dauphin.

Louis XV, fils du duc de Bourgogne.
Louis de France, dauphin, fils de Louis XV.
Louis, duc de Bourgogne, fils du dauphin.
Louis XVI, fils du dauphin.
Louis de France, fils de Louis XVI.
Louis, duc de Normandie, second fils de Louis XVI.
Louis XVIII, frère de Louis XVI.
Charles X, frère de Louis XVI.

Louis-Antoine de France, duc d'Angoulême, fils de Charles X.

Charles-Ferdinand, duc de Berri, second fils de Charles X.

Personnages célèbres nés à Versailles.

Aubry (Étienne), peintre, mort en 1781. Parmi ses tableaux de genre, on remarque *le Mariage interrompu*; et parmi ceux d'histoire, *les Adieux de Coriolan à sa Femme*.

Babois (Marguerite-Victoire), poëte. Elle était nièce du célèbre Ducis.

Berthier (Louis-Alexandre), prince de Wagram, vice-connétable.

Boutet (Noël-Nicolas), célèbre arquebusier.

Callet (Jean-François), mathématicien, auteur des *Tables de Logarithmes*.

Charost (Armand-Joseph de Béthune, duc de), vaillant guerrier, administrateur habile.

Cléry (Jean-Baptiste); son épitaphe : *Ci-gît le fidèle Cléry*, rappelle le dévouement de ce dernier serviteur de Louis XVI.

Darnaudin (Charles-François), architecte.

Ducis (Charles-François), poëte tragique. Ses tragédies ont immortalisé son nom. Tout le monde connaît *Hamlet*, *Macbeth*, *le Roi Léar*, *Œdipe chez Admète*, etc.

Ducis (Jean-Louis), peintre, neveu du précédent. Son oncle avait été peintre dans ses vers, Louis Ducis fut poëte dans ses tableaux.

Dupré (Louis), élève de David. Ses principaux ouvrages sont : *Homère au Tombeau d'Achille*, *la Rosière de Salency*, *une Scène du Déluge*.

L'Épée (Charles-Michel, abbé de). Il a rendu au commerce de la société une classe nombreuse, qu'une double infirmité semblait en avoir séparée à jamais (les sourds-muets).

Gebauer (François-René), musicien, professeur au Conservatoire de Musique.

Giroust, élève de David. On remarque de ce peintre *la Piété filiale*, *Sabinus découvert dans sa grotte*, etc.

Gourgaud (Gaspard, baron), lieutenant-général. Il a suivi Napoléon à l'île Sainte-Hélène.

Guignet (Jean-Baptiste), architecte; il a construit le nouvel amphithéâtre des Écoles de Droit.

Guyot de Merville (Michel), littérateur, auteur d'une *Histoire littéraire de l'Europe*, d'un *Voyage historique en Italie*, etc.

D'Hautpoult (Alphonse-Henri, comte), maréchal-de-camp. Il s'est distingué en Prusse, en Pologne et en Espagne.

Hoche (Louis-Lazare), général des armées républicaines.

Houdon (Jean-Antoine), célèbre statuaire.

Huvé (Jean-Jacques-Marie), architecte de la Madeleine.

Jomard (Edme-François), un des principaux collaborateurs de la *Description de l'Égypte*.

KREUTZER (Rodolphe), maître de la chapelle de Napoléon et de Louis XVIII.

LE MIRE (Madame), peintre de genre, auteur de *Mademoiselle de La Vallière aux Carmélites, Ingelburge adoptant les enfants d'Agnès de Méranie*, etc.

MAUREPAS (Jean-Frédéric Phelippeaux, comte de), ministre plus superficiel qu'habile.

NOGARET (François-Félix), *l'Aristénète français*.

RAFFINEAU DELILLE (Antoine-Dominique), ingénieur; un des collaborateurs de la *Description de l'Égypte*.

RICHARD (Antoine), dessinateur des jardins du Petit-Trianon.

LA ROCHEJACQUELIN (Madame la marquise de), auteur de *Mémoires* précieux pour l'impartialité, le bonheur et la simplicité des expressions.

SCHNETZ (Jean-Victor), peintre; auteur de *Condé vainqueur à Senef*, etc.

THIERRY (Marc-Antoine), baron de Ville-d'Avray; un des quatre premiers valets de chambre de Louis XVI.

TISSOT (Pierre-François), littérateur distingué.

TROUILLE (Jean-Nicolas), député au Conseil des Cinq-Cents; il s'opposa avec ardeur à la motion qui tendait *à déroyaliser Versailles*.

VAUXCELLES (Simon-Jérôme Bourlet, abbé de), littérateur aimable, doué d'un goût sûr, d'un esprit juste et délicat.

Vermont (Hyacinthe Colin de), peintre, auteur de *a Présentation au Temple*, etc.

APERÇU STATISTIQUE.

Versailles, chef-lieu de préfecture du département de Seine-et-Oise, est à quatre lieues et demie à l'ouest de Paris, sur la grande route de Paris à Chartres.

La population de Versailles, qui s'est élevée sous Louis XV à près de 100,000 habitants, n'est guère que de 28,000. Il existe dans cette ville une *Société royale d'Agriculture et des Arts*, une *Société des Sciences naturelles*, une *Société des Sciences, Lettres et Arts*, une *École gratuite de Dessin*.

Le Collége compte plus de 400 élèves, et le Séminaire 100 environ.

Avant 1789, on n'aurait pu mentionner à Versailles, sous le rapport de l'industrie commerciale, que la Fabrique d'Armes. Aujourd'hui, une foule d'autres branches y sont cultivées avec succès, et prennent chaque jour une extension plus considérable. A la dernière exposition, le jury a décerné à MM. Bardel et Basgle, de Versailles, des médailles de bronze pour tulles en bandes confectionnés, et pour piqués imprimés.

Voitures publiques.

Les communications entre Paris et Versailles, qui n'ont eu lieu longtemps qu'au moyen d'ignobles voitures appelées vulgairement *Coucou*, sont devenues aussi faciles que fréquentes. toutes les vingts minutes, plus souvent les dimanches, il part de Paris et de Versailles, soit *une voiture accélérée*, soit *une gondole*, qui fait le trajet en une heure cinquante minutes. Une nouvelle entreprise, *les Industrielles*, vient de s'établir.

Les dimanches et fêtes le prix des places est augmenté.

Les Bureaux sont établis :

A Paris,

Gondoles Parisiennes, rue de Rivoli, entre celles de Rohan et Saint-Nicaise.
Accélérées, rue de Rivoli, 4, et Saint-Nicaise, 1.
Industrielles, place du Carousel, hôtel de Nantes.

A Versailles,

Gondoles Parisiennes, place d'Armes, 17.
Accélérées, place d'Armes, 7.
Industrielles, place d'Armes, 17.

Hôtels et Restaurants.

Le premier hôtel de Versailles, sans contredit, est l'*Hôtel des Réservoirs*, rue de ce nom, tenu par M. Duboux.

Hôtel de France, place d'Armes, 5. — Juméau.
Hôtel de l'Europe, rue des Réservoirs. — Hennequin.

Hôtel de Bourgogne, place d'Armes, 11. — Mahias.

Hôtel du Comte de Toulouse, rue de la Paroisse, 28. — Mallard.

Hôtel d'Elbœuf, rue de la Chancellerie, 6—8. — Oursel.

Hôtel du Sabot d'or, au coin de la rue du Plessis. — Bourgeois.

Cléry, restaurateur, place Hoche.

Lasne, rue de l'Orangerie, 34. — Dîners à 2 francs 50 centimes.

Lebon, rue des Récollets, 4. — *Idem.*

Les principaux cafés sont celui de :

Amaury, au coin de l'avenue de Saint-Cloud et de la rue de la Pompe.

Leguay, au coin de la place d'Armes et de la rue Hoche.

Auguste, café du Théâtre, dans le Parc.

Labrousse, place d'Armes.

Dumont, café de la Préfecture, rue des Réservoirs.

Loueurs de chevaux.

Johnson, rue de la Chancellerie, 12. On y trouve de bons chevaux à des prix modérés.

Près de la grille du bassin de Neptune, on trouve à louer des ânes pour parcourir le grand Parc.

TABLE.

(*N. B.* Nous avons suivi dans la table l'ordre des numéros marqués sur les plans, pour qu'il soit plus facile de trouver la page où est décrite la salle que l'on visite.)

INTRODUCTION.
Route de Paris à Versailles par Montrouge et Chatillon.	9
Route de Paris à Versailles par Saint-Cloud et Ville-d'Avray.	*Ib.*
Route de Paris à Versailles par Issy et Meudon.	11
Route de Paris à Versailles par Passy et Sèvres.	14

VERSAILLES. — *Château.*

Place d'Armes.	21
Grandes et petites Écuries.	20
Accroissements successifs du château de Versailles depuis Louis XIII jusqu'à Louis-Philippe.	22
Façade orientale du château de Versailles.	31
Cour d'honneur ou des Ministres.	32
Cour royale.	34
Cour de marbre.	35
Itinéraire à suivre dans le château de Versailles.	*Ib.*

REZ-DE-CHAUSSÉE. — *Aile du Nord.*

Vestibule de la chapelle (4) 58
Chapelle (1) . . . . 70 et 84
Salles des tableaux d'histoire depuis Clovis jusqu'à
    Louis XVI (5-15). 39
Vestibule de l'escalier du Nord (16). 80
Galeries de statues et bustes (17). . . . . . . *Ib.*

REZ-DE-CHAUSSÉE. — *Partie centrale.*

Vestibule du Roi (18-20). 157
Vestibule de Louis XV (21-25). . . . . . . *Ib.*
Salle des Marines (24-26). 125
Salle des Tableaux-Plans (27). . . . . . . *Ib.*
Vestibule de Louis XIII (28). . . . . *Ib.*
Salle des Rois de France (29). 121
Salle des Résidences royales (50-55). 119
Vestibules de l'Escalier de marbre (34-39. . . . 186
Escalier de marbre (58). . . . . *Ib.*
Vestibule des Amiraux (40). 109
Salle des Grands-Amiraux (41). . . . . . . *Ib.*
Salle des Connétables (42). 112
Salles des Maréchaux (43-49). 115
Galerie Louis XIII (50). 126
Salles des Maréchaux (51-56). 127
Salles des Guerriers célèbres (57-58). 131

REZ-DE-CHAUSSÉE. — *Aile du Midi.*

Vestibule de l'Escalier des Principes (59). . . . 97
Vestibule de Napoléon (60). 85
Salles des Campagnes de 1796 à 1805 (61-66). . . *Ib.*

Salle de Napoléon (67).	89
Salles des Campagnes de 1805 à 1810 (68-75).	90
Salle de Marengo (74).	93
Galerie de statues et bustes (75).	93

PREMIER ÉTAGE. — *Aile du Nord.*

Vestibule de la Chapelle (76).	70
Salles des Tableaux d'histoire depuis 1792 jusqu'à 1836 (77-86).	71
Théâtre et Foyer (88-89).	65
Galerie de statues et bustes (90).	68

PRMIER ÉTAGE. — *Partie centrale.*

Salon d'Hercule (91).	142
Salon de l'Abondance (92).	143
Salon de Vénus (93).	Ib.
Salon de Diane (94).	144
Salon de Mars (95).	145
Salon de Mercure (96).	146
Salon d'Apollon (97).	147
Salon de la Guerre (98).	149
Grande galerie de Louis XIV (99)	Ib.
Salon de la Paix (100). Jeu de la Reine.	176
Chambre à coucher de la Reine (101).	178
Salon de la Reine (102).	179
Salon du Grand Couvert de la Reine (103).	181
Salle des Gardes-du-corps de la Reine (104).	183
Petit salon de l'Escalier de marbre (106).	188
Salle des Gardes-du-Corps du Roi (107).	176
Ancienne salle du Grand Couvert (108).	174
Grand Boudoir de la Reine (109).	173

Bibliothèque de la Reine (110-111). 175
Petit Boudoir de la Reine (112). . . . . *Ib.*
Couloir (113). . . . . *Ib.*
Œil-de-Bœuf ou salle des Nobles (114). 171
Chambre du lit de Louis XIV (115). 169
Cabinet du Conseil (116). 160
Chambre à coucher de Louis XV et de Louis XVI (117). 162
Salle des Pendules (118). 163
Cabinet des Chasses ou des Chiens (119). . . . . *Ib.*
Salle des Dîners de famille (120). 164
Cabinet de Louis XVI (121). 165
Cabinet du Confessionnal (122). 166
Cabinet de la Cassette de Louis XV (T). 167
Bibliothèque (124). . . . . *Ib.*
Ancien salon des Porcelaines (125). . . . . . . *Ib.*
Atelier de Mignard (126). 168
Salle des Gouaches des règnes de Louis XV et de
   Louis XVI (127). . . . . *Ib.*
Salle des Croisades (128). 138
Salle des États-Généraux (129). 140
Salle de l'Empire, ancien magasin des Gardes (130). 183
Salles des Campagnes de 1792 à 1795 (131-134). . 188
Salle de 1792, ancienne salle des Cent-Suisses (135). . 190

PREMIER ÉTAGE. — *Aile du Midi.*

Vestibule de l'Escalier des Princes (136). 98
Grande galerie des Batailles (137). . . . . . . *Ib.*
Salle de 1830 (138). 104
Galerie de statues et bustes (139). 105
Salles des gouaches et aquarelles des campagnes de 1796
   à 1814 (140). 198

DEUXIÈME ÉTAGE. — *Aile du Nord.*

Vestibule de l'Escalier du Nord (140 bis). 49
Salles des Portraits historiques antérieurs à 1790 (141-150). . . . . *Ib.*

Partie centrale.

Tour et Forge de Louis XVI. 164
Appartements de madame du Barry. 164

Aile du Midi.

Salles des Portraits historiques postérieurs à 1970 (151-153). 108
Façade du château de Versailles, du côté des jardins. 199

JARDINS DE VERSAILLES.

Parterre d'eau. 202
Fontaine du Point-du-Jour. 246
Fontaine de Diane. 232
Parterre du Nord. 205
Bassin des Couronnes. 205
Fontaine de la Pyramide, vulgairement le *Pot bouillant.* 205
Bains de Diane. 206
Allée d'eau. 207
Bosquet des Trois-Fontaines. 211
Bosquet de l'Arc-de-Triomphe. 211
Pièce d'eau du Dragon. 208
Bassin de Neptune et pourtour. 209
Allée de Cérès. 212

Bosquet du Rond-Vert, autrefois *Théâtre d'eau*. . . . 215
Bassin de Cérès ou de l'Été. 216
Bosquet de l'Étoile. 217
Bassin de Flore ou du Printemps. 219
Bosquet de l'Obélisque. 220
Bosquet d'Encelade. 221
Bosquet des Dômes. 227
Quinconce du Nord. 218
Bosquet des Bains d'Apollon. 214
Allée des Ifs. 233
Bassin de Latone. 254
Pourtour du bassin de Latone. . . . . . 230 et 236
Allée Royale ou Tapis-Vert. . . . . . . 226 et 238
Bassin d'Apollon, vulgairement le *Chariot embourbé*. . 221
Pourtour de ce Bassin. . . . . 224 et 241
Grand canal. 224
Bosquet de la Colonnade. 239
Salle des Empereurs ou des Marronniers. 241
Bassin de Saturne ou de l'Hiver. 245
Jardin du Roi. 242
Bassin du Miroir. 243
Quinconce du Midi. 244
Bassin de Bacchus ou de l'Automne. 244
Bosquet de la Salle de Bal. 245
Bosquet de la Reine, autrefois le Labyrinthe. . . . 245
Parterre du Midi. 247
Orangerie. 247
Pièce d'Eau des Suisses. 249
Jeu des Eaux. 250
Le grand Trianon. 255
Le petit Trianon. 256
La Ménagerie. 258

Ville de Versailles, *quartier Saint-Louis*.

Origine de Versailles. 259

Grand commun.	262
Bibliothèque publique.	263
Jeu de Paume.	263
Ancien hôtel des Gardes-du-Corps.	264
Potager.	264
Rocher de l'hôtel Letellier.	264
Église Saint-Louis.	265
Écuries du comte d'Artois (Charles X).	267
Hôtel des Gardes de la comtesse de Provence.	267
Avenue de Sceaux.	267
Étangs Gobert.	265
AVENUE DE PARIS.	19
Maison de madame Élisabeth.	Ib.
Hôtel de madame Dubarry.	Ib.
Hôtel des Menus-Plaisirs.	Ib.
Hôtel du grand Veneur.	Ib.
Mairie.	20
Réservoir de Montbauron.	267

Quartier Notre-Dame.

Collége royal.	268
Ancien pavillon de Louis XIII.	22
Hospice civil, ancienne Léproserie.	269
CLAGNY.	269
Geôle.	270
Église Notre-Dame.	270
Place Hoche.	270
Chapelle évangélique, ancien club des Jacobins.	270
Écuries de la Reine.	271
Hôtel des Gardes-du-Corps du comte d'Artois.	271
Hôtel d'Orléans.	271
Ancienne fabrique d'armes.	271
Hôtel de la Préfecture.	271

Théâtre.	274
Château-d'Eau.	274
Grand réservoir.	67
BIOGRAPHIE.	275
Aperçu statistique.	278
Voitures publiques.	278
Hôtels et Restaurants.	279
Cafés.	280
Loueurs de chevaux.	280

ERRATUM.

Pag. 169, Chambre à coucher de Louis XIV (117), lisez (115).

Imprimerie d'Adolphe ÉVERAT et Comp.,
rue du Cadran, 14 et 16.

Palais de Versailles
Rez-de-chaussée

Parterre du Midi Terrasse Parterre du Nord

Cour de Marbre
Cour

Cour de la Surintendance   Cour des Princes   Cour Royale   Cour de la Chapelle   Cour de la Bouche   Cour du Théâtre

Rue de la Surintendance   Rue des Réservoirs

Cour des Statues

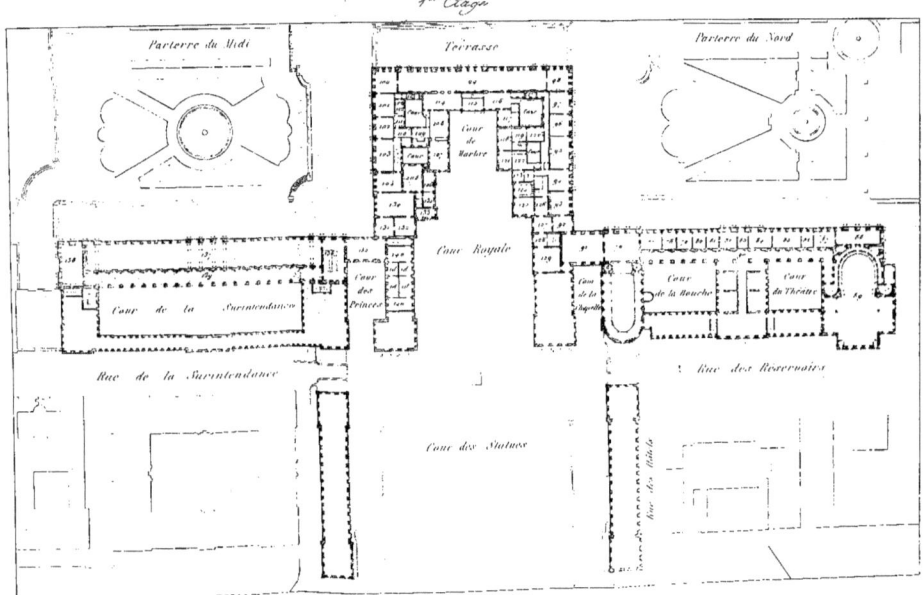

GALERIES HISTORIQUES
DE
VERSAILLES
GRAVÉES SUR ACIER
PAR LES MEILLEURS ARTISTES FRANÇAIS ET ÉTRANGERS,
AVEC UN TEXTE EXPLICATIF,
PAR M. JULES JANIN,

Ouvrage publié par ordre du Roi

ET DÉDIÉ

www.ingramcontent.com/pod-product-compliance
Lightning Source LLC
Chambersburg PA
CBHW070753170426
43200CB00007B/764